너랑 나랑

한국어 1-A

nosvos

너랑 나랑 한국어 1-A

초판 발행 2014년 3월 20일
2 쇄 발행 2015년 2월 20일
개정증보판 2017년 9월 1일
개정증보판 2쇄 2019년 9월 10일
개정증보판 3쇄 2023년 9월 20일

지 은 이 | 유소영·이연주·서민정·고유리·유선주
감 수 | 한정한
펴 낸 이 | 안순철
기 획 | 남재걸
제 작 | 성두현
마 케 팅 | 이어진
펴 낸 곳 | NOSVOS
삽 화 | 최지우·신주영
디 자 인 | 방인구
등 록 | 1968. 2. 27 : No. 제03-00095호
주 소 | 경기도 용인시 수지구 죽전로 152번지
전 화 | 031-8005-2404~5
팩 스 | 031-8021-7154

값 16,000원

ISBN 978-89-7092-588-2 03710
978-89-7092-514-1 (세 트)

• 'NOSVOS'는 라틴어 'Nos(우리가)'와 'Vos(당신을)'의 합성어로
지혜로운 삶을 지향하는 분들에게 유익한 도서를 펴내겠다는 의지를 담고 있습니다.

듣기 자료는 단국대학교 출판부 홈페이지(http://cms.dankook.ac.kr/web/dkup)
"커뮤니티→MP3자료실"에서 다운로드 가능합니다.

저자의 말 *

최근 한국어 교육계에서는 어떻게 하면 교육 현장에서 교사와 학습자에게 모두 도움이 되는 교재를 개발할 수 있을까 하는 문제에 대해 많은 연구를 해 오고 있습니다. 이와 같은 흐름에 발맞추어 이번에 단국대학교 국제교육센터에서는 『너랑 나랑 한국어』를 발간하게 되었습니다. 이 책은 한국어 교육 현장의 한국어 교사들과 한국어를 공부하고자 하는 외국인 학습자를 대상으로 한 의사소통 중심 통합 교재입니다.

『너랑 나랑 한국어』는 말하기, 듣기, 읽기, 쓰기의 기능을 한 권에 담은 통합형 교재입니다.

이 책은 한글의 자모 제시 순서를 기존의 교재와 달리 교사가 학습자에게 발음하는 방법을 보여주기 쉬운 순서로 배치하여 제시하였으며, 한국어의 기초적인 어휘와 문법을 익히고 다양한 연습을 통해 자기소개하기, 물건사기 등의 의사소통 과제를 해결하는 능력을 기를 수 있도록 구성하였습니다.

또한, 어휘는 학습자들이 각각의 어휘가 속한 품사와 의미 그룹을 이해할 수 있도록 제시하고, 문법은 형태 연습과 회화 연습을 함께 제시하여 한국어의 문법 항목들을 적절히 사용할 수 있도록 충분한 연습과 활용을 제공하였습니다. 또한 의사소통 과제를 해결하는 다양한 말하기, 듣기, 읽기, 쓰기 활동을 제공하여 학습자들이 생생한 한국어로 자신의 이야기를 표현할 수 있도록 구성하였습니다.

이 책은 크게 BASIC(기초)과 STUDY(활용)로 구성되어 있습니다. BASIC(기초)에서는 한글의 특징과 자모를 제시하였고, STUDY(활용)에서는 각 과를 의사소통 과제별로 구성하여 말하기, 듣기, 읽기, 쓰기를 통합적으로 익힐 수 있도록 제시하였습니다.

이 작업은 6명의 필진이 지난 10여 년의 한국어 교육 현장 경험을 바탕으로 학습자가 차근차근 쉽게 이해하고 습득해 갈 수 있는 교재를 만들고자 하는 마음에서 출발하였습니다. 이 책의 편찬 기간은 2012년 5월부터 2014년 2월까지 총 22개월이 소요되었습니다. 집필을 기획하는데 3개월이 걸렸고 교재를 구성하는 틀을 찌는 데에 4개월, 초고 집필에 9개월이 걸렸습니다. 이를 다시 검토히고 수정히는 데에 5개월이 걸렸습니다. 기획과 감수는 국어국문학과의 한정한 교수가 맡아 주셨고, 각 권은 책임 필자를 두어 1권 유소영, 2권 고유리, 3권 유선주, 4권 이연주, 서민정이 책임 집필하였습니다.

끝으로 이 원고가 세상에 빛을 볼 수 있도록 이끌어 주신 단국대학교 장호성 총장님, 김병량 부총장님, 심재우 국제처장님을 비롯한 국제처의 모든 식구들께 감사드립니다. 또한, NOSVOS 편집실 성두현 차장님 등 편집진과 예쁜 삽화를 그려준 최지우, 신주영 그리고 지댄피 디자인팀 여러분께도 감사드립니다. 마지막으로 바쁜 시간을 쪼개어 꼼꼼히 읽어 준 국제교육센터 한국어 선생님들과 긴 시간 기꺼이 아내와 엄마와 딸을 허락해 주신 필진의 가족들 모두 사랑합니다

2017년 9월 1일

유소영, 이연주, 서민정, 고유리, 유선주

교재 사용법

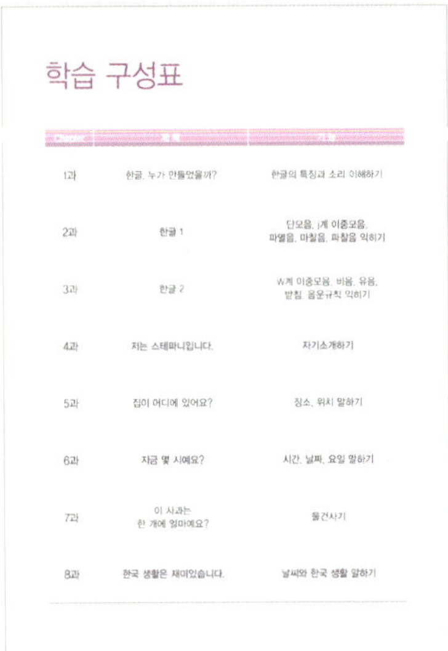

1. 학습 구성표

각 과의 기능과 문법, 어휘와 표현을 하나의 표로 제공하여 학습자들이 이 책에서 배우는 내용을 한 눈에 파악할 수 있도록 배려했습니다.

2. 들어가기

각 과의 학습목표와 어휘, 문법 항목들을 제시하였습니다. 그리고 각 과의 중요한 표현을 대화로 제시하여 어떤 상황에서 사용하는지 실제 사례를 보여 학습 동기를 높였습니다.

3. 어휘와 표현

각 과에 나오는 어휘를 명사, 동사, 형용사, 표현으로 분류하고 이를 다시 의미별로 분류하여 제시하였습니다. 이는 학습자들이 각각의 어휘가 속한 품사와 의미 그룹을 이해할 수 있도록 하기 위한 것입니다.

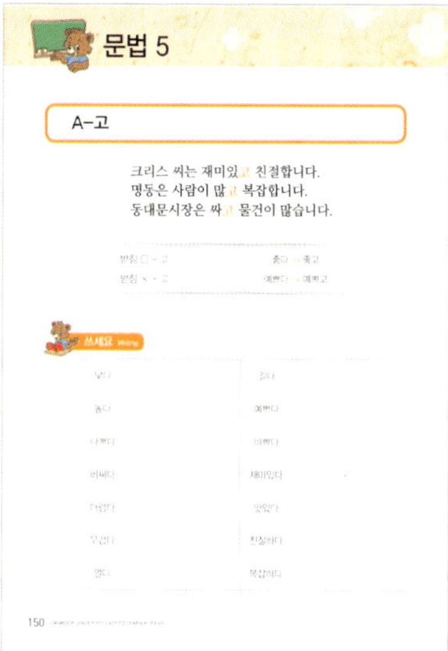

4. 문법

각 과에서 배워야 할 문법을 예문을 통해 의미를 제시하고 형태 연습과 회화 연습을 함께 제시하였습니다. 이는 한국어의 문법 항목들이 가지는 의미와 형태의 변화를 연습하게 하고 적절히 사용할 수 있도록 충분한 연습과 활용을 제공하기 위한 것입니다.

5. 말하기

각 과에서 학습한 어휘와 문법 항목들을 활용하여 의사소통 과제를 해결하는 다양한 활동을 제공하였습니다. 이를 통해 학습자들은 좀 더 생생한 한국어 말하기 능력을 키울 수 있을 것입니다.

6. 듣기 / 읽기 / 쓰기

듣기와 읽기는 각 과에서 배운 내용을 머릿속에 정리하고 확인하는 역할을 합니다. 쓰기는 말하기, 듣기, 읽기 등의 활동을 통해 습득된 내용을 바탕으로 학습자 자신의 이야기를 문장으로 표현하는 연습을 할 수 있습니다.

등장인물

스테파니

리에

애니

최지영

크리스

마리오

리우팅

토린

목 차

학습 구성표

Chapter	제 목	기 능
1과	한글, 누가 만들었을까?	한글의 특징과 소리 이해하기
2과	한글 1	한글의 자음과 모음 익히기 ❶
3과	한글 2	한글의 자음과 모음 익히기 ❷, 발음 규칙 익히기
4과	저는 스테파니입니다.	자기소개하기
5과	집이 어디에 있어요?	장소 · 위치 말하기
6과	지금 몇 시예요?	시간 · 날짜 · 요일 말하기
7과	이 사과는 한 개에 얼마예요?	물건 사기
8과	한국 생활은 재미있습니다.	날씨와 한국 생활 말하기

이 책에서는 어떤 것을 배울까요? 각 과에서 배우는 내용을 하나의 표로 제공하여 한 눈에 파악할 수 있도록 하였습니다.

문 법	어휘와 표현
–	–
단모음, j계 이중모음, 파열음, 마찰음, 파찰음	–
W계 이중모음, 비음, 유음, 받침, 발음 규칙	–
N이/가 N입니까? / N은/는 N입니다. / N도 / N 사람 / N어 / N말 / N의 N / 제 N / N이/가 아닙니다.	인사, 취미, 직업, 나라
N이에요? N예요? / N이에요. N예요. / N이/가 아니에요. / N와/과 N / N이/가 N에 있어요.	장소, 위치
숫자 / N 시, N 분, N 초 / N년, N월, N일, N요일 / 무슨 N / N부터 N까지	시간, 날짜, 요일
이것, 그것, 저것, 어느 것 / 단위 명사 / N에 / N하고 N / 이 N, 그 N, 저 N, 어느 N	과일, 음료, 식품, 교실
N을/를 V, N이/가 A / A/V–ㅂ/습니까? / A/V–ㅂ/습니다. / A/V–지 않습니다. / N에 / N들 / A–고 / A/V–지만	날씨, 맛, 음식

일러두기*

BASIC에서는 한국어의 문자인 한글이 만들어진 배경과 특징을 이해합니다. 한글의 자음과 모음의 음가와 소리를 익히고 발음 규칙을 이해하고 적용할 수 있도록 다양한 연습을 제공합니다.

너랑 나랑 한국어 1-A

BASIC

한글, 누가 만들었을까?

1. 한글의 탄생

한글은 조선시대 4번째 왕인 세종대왕이 집현전*의 학자들과 함께 만들었어요. 그 시절에는 중국에서 온 문자인 한자를 사용하였기 때문에 글자를 모르는 백성들이 많았어요. 그래서 모든 백성이 소리 나는 대로 쓸 수 있는 문자를 만들어 주어야겠다는 세종대왕의 사랑으로 한글이 만들어졌어요. 한글은 1443년(세종25년)에 완성되고 1446년에 반포되어 "훈민정음"이라는 이름으로 불렸는데 1913년 주시경 선생님이 새롭게 "한글"이라는 이름을 만들었어요. 이때부터 한국에서는 10월 9일을 '한글날'로 정하여 기념하고 있어요. 한글은 세계에서 생일이 있는 유일한 문자예요. 또한 1997년 유네스코에서 훈민정음을 세계기록유산으로 등록하였으며, 문맹을 퇴치한 세종대왕의 공적을 기리기 위해 1990년 이후 지구촌에서 문맹 퇴치에 공이 큰 사람을 가려 뽑아 해마다 "세종상"을 주고 있어요.

2. 한글의 특징

첫째, 배우기 쉬운 글자예요. 훈민정음 해례본에 있는 정인지의 꼬리글에 "슬기로운 사람은 아침을 마치기도 전에 깨칠 것이요, 어리석은 이라도 열흘이면 배울 수 있다"고 말하고 있어요.

둘째, 발음기관을 본떠서 만든 과학적인 글자예요. 즉 닿소리(자음)는 소리를 낼 때 발음기관의 모양을 본뜨고, 홀소리(모음)는 하늘(ㆍ)과 땅(ㅡ)과 사람(ㅣ)을 본떠서, 글자가 질서 정연하고 체계적인 파생법으로 만들어졌어요.

셋째, 독창적으로 만든 글자예요. 지구상에 있는 대부분의 글자는 오랜 세월 복잡한 변화를 거쳐 오늘날의 글자가 되었거나, 아니면 일본의 가나 글자나 영어의 알파벳처럼 다른 글자를 흉내 내거나 빌린 것들이에요. 그러나 한글은 세종대왕이 독창적으로 만든 글자예요.

넷째, 글자를 만든 목적, 만든 사람, 만든 때가 분명한 글자예요. 오늘날 전 세계에는 7,000여 개의 말(언어)이 있는데 이들 가운데 100여 개의 말만이 글자를 가지고 있다고 해요. 그러나 이러한 글자들도 만든 목적과 만든 사람 그리고 만든 때를 알고 있는 글자는 찾아 볼 수 없어요.

다섯째, 한글은 낱소리 글자이면서 음절 글자의 특징이 있어요. 즉, 각각의 음가를 가진 자음과 모음이 만나 음절을 이룰 때 비로소 소리를 내는 문자예요.

여섯째, 글자 쓰기의 폭이 넓어요. 훈민정음 해례본에서 "바람 소리, 학 소리, 닭 우는 소리, 개 짖는 소리까지 무엇이든지 소리 나는 대로 글자로 쓸 수 있다"고 하였으며, 변방의 말까지 적을 수 있다고 했어요. 한글 총수는 1만 2천 7백 68자로, 세계에서 제일 많은 음을 가진 글자예요.

---

* 집현전은 지금의 연구소 같은 곳이에요.

3. 한글의 소리

한글은 자음과 모음으로 구성되어 있어요. 여기에서 자음과 모음은 각각의 음가를 가지고 있지만 혼자서는 아무런 소리를 가지지 못해요. 그래서 자음과 모음이 만나 하나의 음절을 이룰 때 비로소 각자가 가진 음가가 소리로 표현돼요. 그러므로 각각의 자음과 모음의 음가와 음절 구조를 익히면 아주 쉽게 이해할 수 있을 거예요.

1) 한국어의 음절 구조와 유형

❶ 모음으로 된 음절

위에서 언급한 대로 모음은 단독으로 음가는 가지지만 소리는 나지 않아요. 그런데 아래의 예와 같이 자음 자리에 'ㅇ'이 올 때 'ㅇ'은 음가를 가지지 않기 때문에 모음이 가지는 음가가 그대로 표현돼요. 또한 모음의 모양에 따라 초성의 자음과 모음이 나란히 오는 경우와 위, 아래로 오는 경우가 있어요.

ㅇ (Ø) + ㅕ (jʌ) ···▸ ㅇ ㅕ (Ø jʌ) ···▸ 여 (jʌ)

ㅇ (Ø) + ㅜ (u) ···▸ ㅇ/ㅜ (Ø u) ···▸ 우 (u)

❷ 자음 + 모음으로 된 음절

자음과 모음으로 이루어진 음절의 경우도 모음으로 이루어진 음절과 마찬가지로 각각의 음가를 가진 자음과 모음이 만나서 음절을 이루고 그때 비로소 소리가 나요. 또한 자음과 모음의 위치도 ❶의 경우와 마찬가지로 모음의 모양에 따라 초성의 자음과 모음이 나란히 오는 경우와 위 아래로 오는 경우가 있어요.

ㄱ (k) + ㅏ (a) ···▸ ㄱ ㅏ (k a) ···▸ 가 (ka)

ㄱ (g) + ㅜ (u) ···▸ ㄱ/ㅜ (g/u) ···▸ 구 (gu)

❸ 자음 + 모음 + 자음으로 된 음절

위의 ❶과 ❷의 형태로 이루어진 음절의 아래쪽에 종성으로 자음이 오는 경우 이 종성자인 자음을 '받침'이라고 하는데 받침 소리는 초성의 자음 소리와는 구별되게 발음되며 대표음으로 'ㅂ, ㄷ, ㄱ, ㅁ, ㄴ, ㅇ, ㄹ'이 있어요.

ㅎ (h) + ㅏ (a) + ㄴ (n) ···▸ ㅎ ㅏ / ㄴ (h a / n) ···▸ 한 (han)

ㄱ (g) + ㅡ (ɯ) + ㄹ (l) ···▸ ㄱ/ㅡ/ㄹ (g/ɯ/l) ···▸ 글 (gɯl)

한글, 누가 만들었을까?

2) 한국어의 모음소리

한국어의 모음은 모두 21개로 8개의 기본 단모음(ㅏ, ㅓ, ㅗ, ㅜ, ㅡ, ㅣ, ㅔ, ㅐ)과 13개의 이중모음(ㅑ, ㅕ, ㅛ, ㅠ, ㅖ, ㅒ, ㅘ, ㅝ, ㅟ, ㅚ, ㅞ, ㅙ, ㅢ)이 있어요.

▶ 모음의 글자와 음가

글자 (letter)	ㅏ	ㅓ	ㅗ	ㅜ	ㅡ	ㅣ		ㅔ	ㅐ
음가 (sound value)	[a]	[ʌ]	[o]	[u]	[ɯ]	[i]		[e]	[ɛ]
글자 (letter)	ㅑ	ㅕ	ㅛ	ㅠ				ㅖ	ㅒ
음가 (sound value)	[ja]	[jʌ]	[jo]	[ju]				[je]	[jɛ]
글자 (letter)	ㅘ	ㅝ				ㅟ	ㅚ	ㅞ	ㅙ
음가 (sound value)	[wa]	[wʌ]				[wi]	[we]	[we]	[wɛ]
글자 (letter)						ㅢ			
음가 (sound value)						[ɯi]			

▶ 모음도

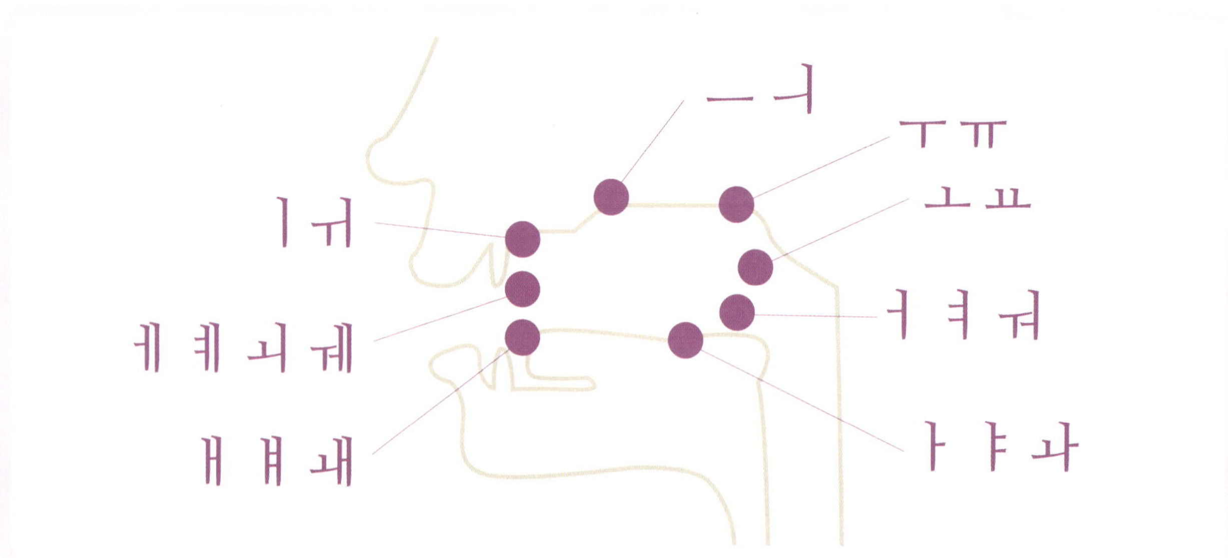

3) 한국어의 자음소리

한국어의 자음은 모두 19개로 10개의 평음(ㅂ, ㄷ, ㄱ, ㅅ, ㅈ, ㅎ, ㅁ, ㄴ, ㅇ, ㄹ)과 4개의 격음(ㅍ, ㅌ, ㅋ, ㅊ), 5개의 경음(ㅃ, ㄸ, ㄲ, ㅆ, ㅉ)이 있어요.

▶ 자음의 글자와 음가

글자 (letter)	ㅂ	ㄷ	ㄱ	ㅅ	ㅈ	
음가 (sound value)	[p][b]	[t][d]	[k][g]	[s][sh]	[ts][j]	
글자 (letter)	ㅍ	ㅌ	ㅋ		ㅊ	ㅎ
음가 (sound value)	[pʰ]	[tʰ]	[kʰ]		[tsʰ]	[h]
글자 (letter)	ㅃ	ㄸ	ㄲ	ㅆ	ㅉ	
음가 (sound value)	[p']	[t']	[k']	[s']	[ts']	
글자 (letter)	ㅁ	ㄴ	ㅇ			
음가 (sound value)	[m]	[n]	[Ø][ŋ]			
글자 (letter)		ㄹ				
음가 (sound value)		[r][l]				

▶ 자음도

한글 1

단모음

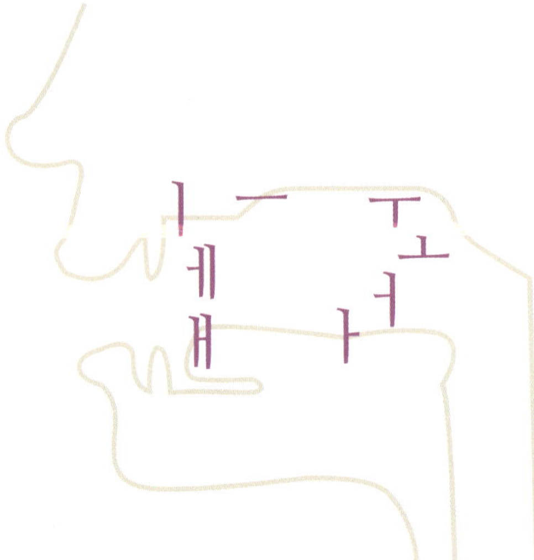

쓰기 Writing

문 자	이 름	필 순	쓰기 연습
ㅏ	아	ㅏ ❶ ❷	
ㅓ	어	ㅓ ❶ ❷	
ㅗ	오	ㅗ ❶ ❷	
ㅜ	우	ㅜ ❶ ❷	
ㅡ	으	ㅡ ❶	
ㅣ	이	ㅣ ❶	
ㅔ	에	ㅔ ❶ ❷ ❸	
ㅐ	애	ㅐ ❶ ❷ ❸	

자음 1 : 파열음

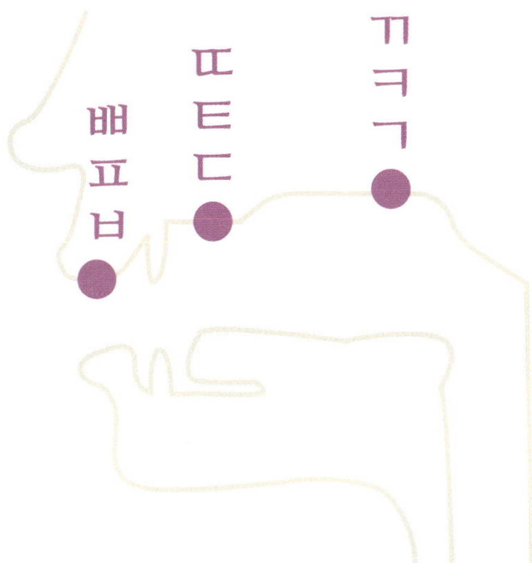

쓰기 Writing

문자	이름	필순	쓰기 연습
ㅂ	비읍		
ㅍ	피읖		
ㅃ	쌍비읍		
ㄷ	디귿		
ㅌ	티읕		
ㄸ	쌍디귿		
ㄱ	기역		
ㅋ	키읔		
ㄲ	쌍기역		

한글 1

읽기 Reading

	ㅏ	ㅓ	ㅗ	ㅜ	ㅡ	ㅣ	ㅔ	ㅐ
ㅂ	바	버	보	부	브	비	베	배
ㅍ	파	퍼	포	푸	프	피	페	패
ㅃ	빠	뻐	뽀	뿌	쁘	삐	뻬	빼
ㄷ	다	더	도	두	드	디	데	대
ㅌ	타	터	토	투	트	티	테	태
ㄸ	따	떠	또	뚜	뜨	띠	떼	때
ㄱ	가	거	고	구	그	기	게	개
ㅋ	카	커	코	쿠	크	키	케	캐
ㄲ	까	꺼	꼬	꾸	끄	끼	께	깨

쓰기 Writing

	ㅏ	ㅓ	ㅗ	ㅜ	ㅡ	ㅣ	ㅔ	ㅐ
ㅂ								
ㅍ								
ㅃ								
ㄷ								
ㅌ								
ㄸ								
ㄱ								
ㅋ								
ㄲ								

단어연습 • 읽기 Reading

바다

배

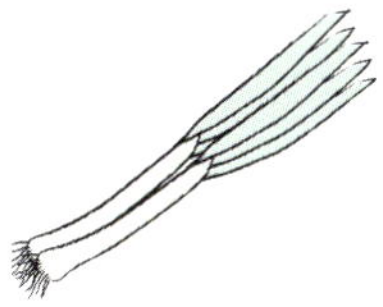
파

파도

뽀뽀

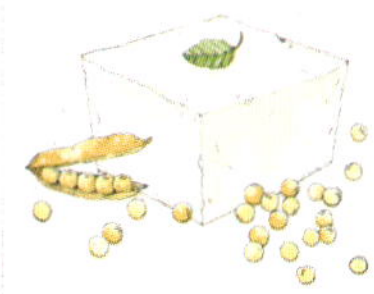
두부

포도

게

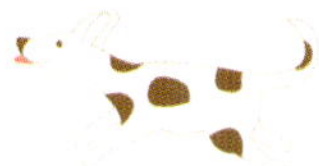
개

구두

커피

피구

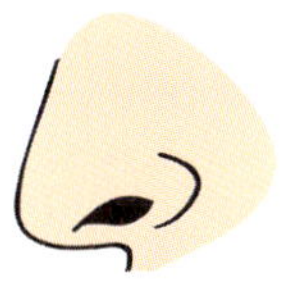
코

카드

쿠키

토끼

TIP 'ㅂ, ㄷ, ㄱ'은 모음과 모음 사이에서 부드럽게 발음해요.
바다 [바다] 파도 [파도] 두부 [두부] 피구 [피구]

단어연습 • 쓰기 Writing

바다				개			
배				구두			
파				커피			
파도				피구			
뽀뽀				코			
두부				카느			
포도				쿠키			
게				토끼			

친구와 이야기해 보세요 ❶ Speaking

가 : 뭐예요?

나 : 커피 예요.

연습 Exercise

가 : 뭐예요?

나 : ________ 예요.

이중모음 1

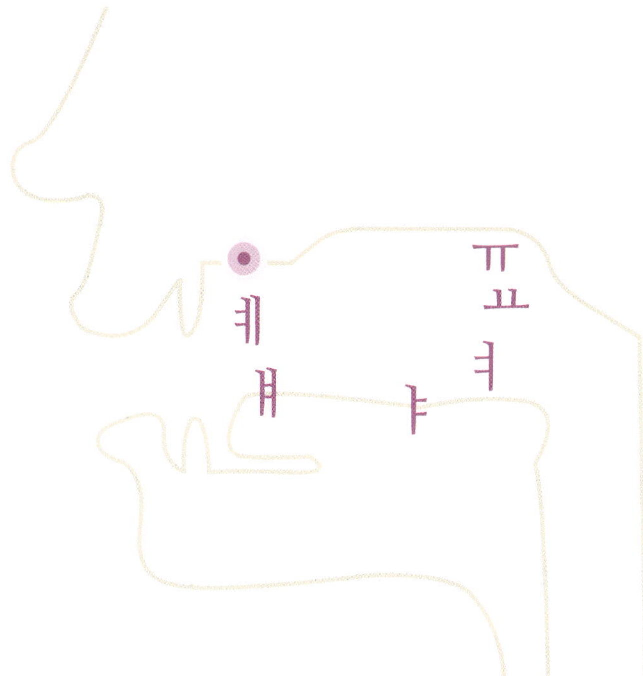

쓰기 Writing

문자	이름	필순	쓰기 연습
ㅑ	야		
ㅕ	여		
ㅛ	요		
ㅠ	유		
ㅖ	예		
ㅒ	얘		

한글 1

자음 2 : 마찰음·파찰음

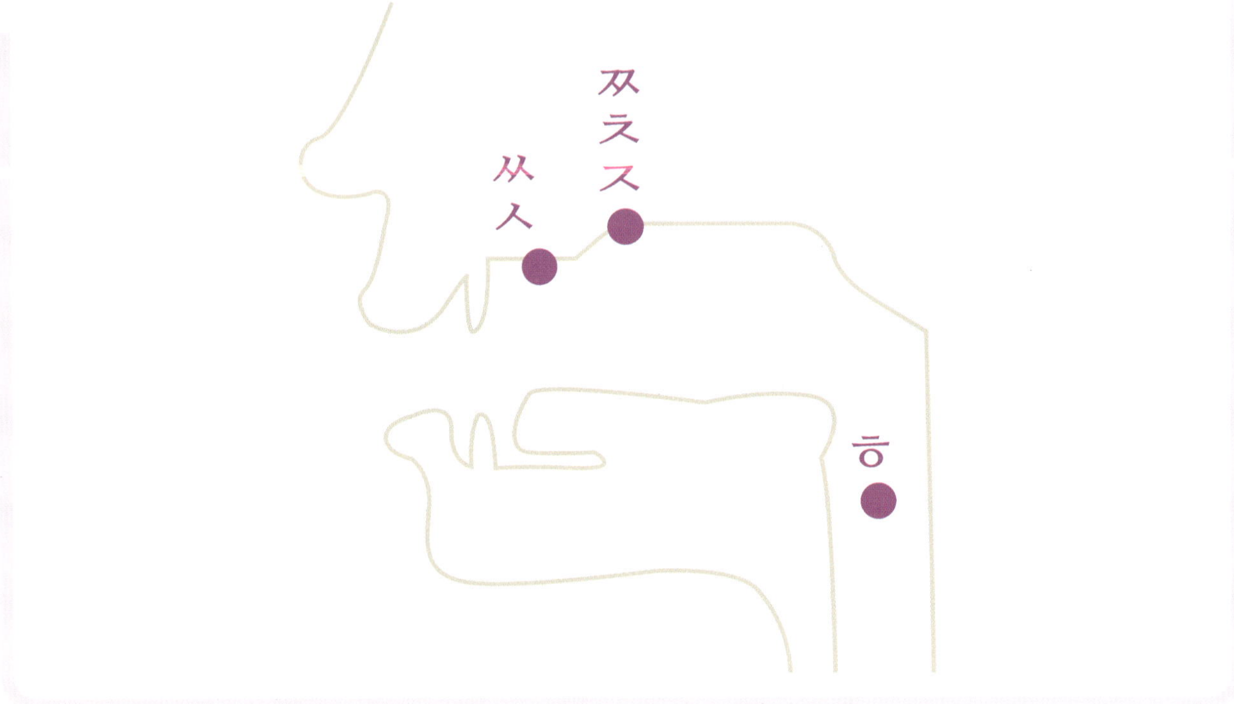

쓰기 Writing

문자	이름	필순	쓰기 연습		
ㅅ	시옷	ㅅ	ㅅ		
ㅆ	쌍시옷	ㅆ	ㅆ		
ㅈ	지읒	ㅈ	ㅈ		
ㅊ	치읓	ㅊ	ㅊ		
ㅉ	쌍지읒	ㅉ	ㅉ		
ㅎ	히읗	ㅎ	ㅎ		

읽기 Reading

	ㅑ	ㅕ	ㅛ	ㅠ	ㅖ	ㅒ
ㅅ	샤	셔	쇼	슈	셰	섀
ㅆ	쌰	쎠	쑈	쓔	쎼	썌
ㅈ	쟈	져	죠	쥬	졔	쟤
ㅊ	챠	쳐	쵸	츄	쳬	챼
ㅉ	쨔	쪄	쬬	쮸	쪠	쨰
ㅎ	햐	혀	효	휴	혜	햬

쓰기 Writing

	ㅑ	ㅕ	ㅛ	ㅠ	ㅖ	ㅒ
ㅅ	샤					
ㅆ	쌰					
ㅈ	쟈					
ㅊ	챠					
ㅉ	쨔					
ㅎ	햐					

단어연습 • 읽기 Reading

시소

사자

새

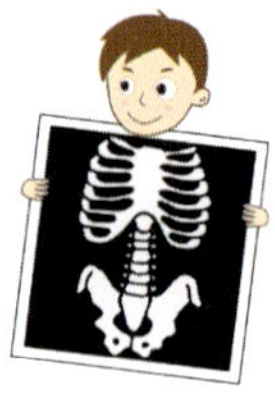
뼈

시계

소주

투수

쏘다

자두

싸다

바지

피자

고추

치즈

휴지

호수

단어연습 • 쓰기 Writing

시소	시소			자두	자두		
사자	사자			싸다	싸다		
새	새			바지	바지		
뼈	뼈			피자	피자		
시계	시계			고추	고추		
소주	소주			치즈	치즈		
투수	투수			휴지	휴지		
쏘다	쏘다			호수	호수		

친구와 이야기해 보세요 ❷ Speaking

가 : 뭐예요?

나 : 시계 예요.

연습 Exercise

가 : 뭐예요?

나 : ________ 예요.

한글 2

이중모음 2

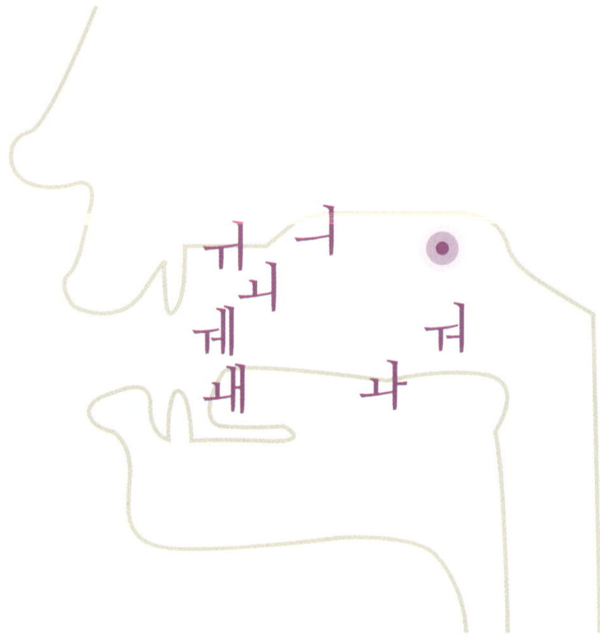

쓰기 Writing

문자	이름	필순	쓰기 연습		
ㅘ	와	와	와		
ㅝ	워	워	워		
ㅟ	위	위	위		
ㅚ	외	외	외		
ㅞ	웨	웨	웨		
ㅙ	왜	왜	왜		
ㅢ	의	의	의		

자음 3 : 공명음

쓰기 Writing

문 자	이 름	필 순	쓰기 연습		
ㅁ	미음	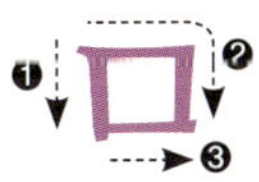	ㅁ		
ㄴ	니은	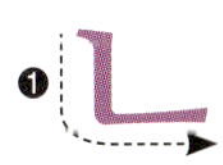	ㄴ		
ㅇ	이응	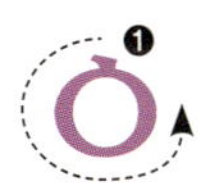	ㅇ		
ㄹ	리을	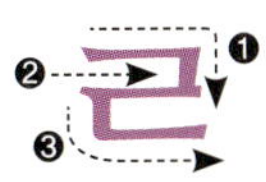	ㄹ		

한글 2

읽기 Reading

	ㅘ	ㅝ	ㅟ	ㅚ	ㅞ	ㅙ	ㅢ
ㅁ	뫄	뭐	뮈	뫼	뭬	뫠	믜
ㄴ	놔	눠	뉘	뇌	눼	놰	늬
ㅇ	와	워	위	외	웨	왜	의
ㄹ	롸	뤄	뤼	뢰	뤠	뢔	릐

쓰기 Writing

	ㅘ	ㅝ	ㅟ	ㅚ	ㅞ	ㅙ	ㅢ
ㅁ							
ㄴ							
ㅇ							
ㄹ							

읽기 Reading

	ㅏ	ㅓ	ㅗ	ㅜ	ㅡ	ㅣ	ㅔ	ㅐ	ㅑ	ㅕ	ㅛ	ㅠ	ㅖ	ㅒ	ㅘ	ㅝ	ㅟ	ㅚ	ㅞ	ㅙ	ㅢ
ㅂ	바	버	보	부	브	비	베	배	뱌	벼	뵤	뷰	볘	뱨	봐	붜	뷔	뵈	붸	봬	븨
ㅍ	파	퍼	포	푸	프	피	페	패	퍄	펴	표	퓨	폐	퍠	퐈	풔	퓌	푀	풰	퐤	픠
ㅃ	빠	뻐	뽀	뿌	쁘	삐	뻬	빼	뺘	뼈	뾰	쀼	뼤	뺴	뽜	뿨	쀠	뾔	쀄	뽸	쁴
ㄷ	다	더	도	두	드	디	데	대	댜	뎌	됴	듀	뎨	댸	돠	둬	뒤	되	뒈	돼	듸
ㅌ	타	터	토	투	트	티	테	태	탸	텨	툐	튜	톄	턔	톼	퉈	튀	퇴	퉤	퇘	틔
ㄸ	따	떠	또	뚜	뜨	띠	떼	때	땨	뗘	뚀	뜌	뗴	떄	똬	뚸	뛰	뙤	뛔	뙈	띄
ㄱ	가	거	고	구	그	기	게	개	갸	겨	교	규	계	걔	과	궈	귀	괴	궤	괘	긔
ㅋ	카	커	코	쿠	크	키	케	캐	캬	켜	쿄	큐	켸	컈	콰	쿼	퀴	쾨	퀘	쾌	킈
ㄲ	까	꺼	꼬	꾸	끄	끼	께	깨	꺄	껴	꾜	뀨	꼐	꺠	꽈	꿔	뀌	꾀	꿰	꽤	끠
ㅅ	사	서	소	수	스	시	세	새	샤	셔	쇼	슈	셰	섀	솨	숴	쉬	쇠	쉐	쇄	싀
ㅆ	싸	써	쏘	쑤	쓰	씨	쎄	쌔	쌰	쎠	쑈	쓔	쎼	썌	쏴	쒀	쒸	쐬	쒜	쐐	씌
ㅈ	자	저	조	주	즈	지	제	재	쟈	져	죠	쥬	졔	쟤	좌	줘	쥐	죄	줴	좨	즤
ㅊ	차	처	초	추	츠	치	체	채	챠	쳐	쵸	츄	쳬	챼	촤	춰	취	최	췌	쵀	츼
ㅉ	짜	쩌	쪼	쭈	쯔	찌	쩨	째	쨔	쪄	쬬	쮸	쪠	쨰	쫘	쭤	쮜	쬐	쮀	쫴	쯰
ㅎ	하	허	호	후	흐	히	헤	해	햐	혀	효	휴	혜	햬	화	훠	휘	회	훼	홰	희
ㅁ	마	머	모	무	므	미	메	매	먀	며	묘	뮤	몌	먜	뫄	뭐	뮈	뫼	뭬	뫠	믜
ㄴ	나	너	노	누	느	니	네	내	냐	녀	뇨	뉴	녜	냬	놔	눠	뉘	뇌	눼	놰	늬
ㅇ	아	어	오	우	으	이	에	애	야	여	요	유	예	얘	와	워	위	외	웨	왜	의
ㄹ	라	러	로	루	르	리	레	래	랴	려	료	류	례	럐	롸	뤄	뤼	뢰	뤠	뢔	릐

한글 2

쓰기 Writing

	ㅏ	ㅓ	ㅗ	ㅜ	ㅡ	ㅣ	ㅔ	ㅐ	ㅑ	ㅕ
ㅂ										
ㅍ										
ㅃ										
ㄷ										
ㅌ										
ㄸ										
ㄱ										
ㅋ										
ㄲ										
ㅅ										
ㅆ										
ㅈ										
ㅊ										
ㅉ										
ㅎ										
ㅁ										
ㄴ										
ㅇ										
ㄹ										

ㅛ	ㅠ	ㅖ	ㅒ	ㅘ	ㅝ	ㅟ	ㅚ	ㅞ	ㅙ	ㅢ

단어연습 • 읽기 Reading

나무	나비	바나나	우유	사과	왜

더워요		가위	오리	토마토	

의사	모자	스웨터	모래	의자	주사위

단어연습 • 쓰기 Writing

나무	오리
나비	토마토
바나나	의사
우유	모자
사과	스웨터
왜	모래
더워요	의자
가위	주사위

친구와 이야기해 보세요 ③ Speaking

가 : 뭐예요?

나 : 사과 예요.

연습 Exercise

가 : 뭐예요?

나 : ________ 예요.

한글 2

자음 4 : 받침

ㄷ ㅏ	ㄱ ㅡ
ㅇ	ㄴ
taŋ	gɯn

발음	받침	
ㅂ[p]	ㅂ, ㅍ,	밥[bap], 무릎[mu-rɯp]
	ㅄ, ㄼ, ㄿ	없다[ʌp-t˺a], 밟다[bap-t˺a], 읊다[ɯp-t˺a]
ㄷ[t]	ㄷ, ㅅ, ㅈ, ㅊ, ㅌ, ㅎ, ㅆ	걷다[gʌt-t˺a], 옷[ot], 맞다[mat-t˺a], 빛[bit], 맡다[mat-t˺a], 하얗다[haja-tʰa], 갔다[gat-t˺a]
ㄱ[k]	ㄱ, ㅋ, ㄲ	목[mok], 부엌[bu-ʌk], 낚시[nak-s˺i]
	ㄳ, ㄺ	몫[mok], 읽다[ik-t˺a]
ㅁ[m]	ㅁ	감[gam], 마음[ma-ɯm]
	ㄻ	닮다[dam-t˺a], 젊다[jʌm-t˺a]
ㄴ[n]	ㄴ	산[san], 안다[an-t˺a]
	ㄵ, ㄶ	앉다[an-t˺a], 많다[man-tʰa]
ㅇ[ŋ]	ㅇ	강[gaŋ], 방[baŋ]
ㄹ[l]	ㄹ	발[bal], 길[gil]
	ㄺ, ㄻ, ㄼ, ㄽ, ㄾ, ㄿ, ㅀ	읽고[il-k˺o], 닮아서[dal-masʌ], 밟아요[bal-bajo], 곬[gol], 핥다[hal-t˺a], 읊어요[ɯl-pʰʌjo], 싫다[sil-tʰa]

단어연습 • 읽기 Reading

가방

교실

김치

돈

당근

리본

물

라면

사탕

수박

양말

김밥

자전거

장갑

지하철

친구

컴퓨터

풍선

학교

호랑이

한글 2

단어연습 • 쓰기 Writing

가방	교실	김치	돈
당근	리본	물	라면
사탕	수박	양말	김밥
자전거	장갑	지하철	친구
컴퓨터	풍선	학교	호랑이

단어연습 • 읽기 Reading

딸기

레몬

멜론

된장찌개

빵

떡

전화

휴대폰

택시

텔레비전

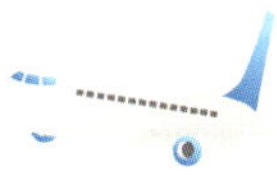
비행기

세탁기

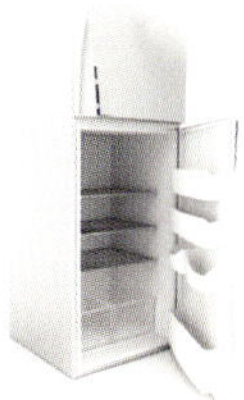
냉장고

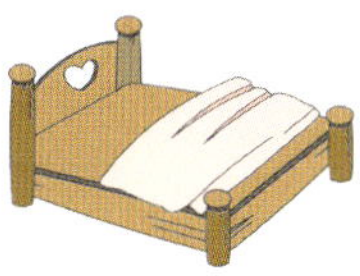
침대

공책

거울

앨범

왕

엘리베이터

태권도

한글 2

단어연습 • 쓰기 Writing

딸기	레몬	멜론	된장찌개
빵	떡	전화	휴대폰
택시	텔레비전	비행기	세탁기
냉장고	침대	공책	거울
앨범	왕	엘리베이터	태권도

친구와 이야기해 보세요 ❹ Speaking

받침 ○ + 이에요 받침 × + 예요	공책 이에요 딸기 예요
	가 : 뭐예요? 나 : 바나나 이에요/예요.
	가 : 뭐예요? 나 : ________ 이에요/예요.
	가 : 누구예요? 나 : ________ 이에요/예요.
	가 : 어디예요? 나 : ________ 이에요/예요.

친구와 이야기해 보세요 ❺ Speaking

이름 ________	가 : 누구예요? 나 : ________ 이에요/예요.

TIP 자기 이름을 한글로 쓰고, 교사는 친구들의 이름을 물어 보세요.

한글 2

단어연습 • 사람의 몸

단어연습 • 숫자

숫 자	읽 기	쓰기 연습
0	영(공)	
1	일	
2	이	
3	삼	
4	사	
5	오	
6	육	
7	칠	
8	팔	
9	구	
10	십	

친구와 이야기해 보세요 ⑥ Speaking

연습 Exercise

	친구이름 (Friend's Name)	전화번호 (Phone No.)
1	스테파니	8005–2626
2		
3		
4		
5		

한글 2

Chapter
03

1. 한국어 사전 찾기

한국어 사전 찾기는 영어 등의 다른 언어와 마찬가지로 한글의 알파벳 순서대로 찾아가면 돼요. 여기에서 한글의 알파벳 순서는 한국어의 어휘를 이루고 있는 각 음절의 첫소리의 자음, 모음, 끝소리의 자음의 순서로 찾으면 되는데 그 순서는 다음과 같아요.

순 서		각 첫소리(자음), 모음, 끝소리(자음)의 순서
1	자음	ㄱ, ㄲ, ㄴ, ㄷ, ㄸ, ㄹ, ㅁ, ㅂ, ㅃ, ㅅ, ㅆ, ㅇ, ㅈ, ㅉ, ㅊ, ㅋ, ㅌ, ㅍ, ㅎ
2	모음	ㅏ, ㅐ, ㅑ, ㅒ, ㅓ, ㅔ, ㅕ, ㅖ, ㅗ, ㅘ, ㅙ, ㅚ, ㅛ, ㅜ, ㅝ, ㅞ, ㅟ, ㅠ, ㅡ, ㅢ, ㅣ
3	받침	ㄱ, ㄲ, ㄳ, ㄴ, ㄵ, ㄶ, ㄷ, ㄹ, ㄺ, ㄻ, ㄼ, ㄽ, ㄾ, ㄿ, ㅀ, ㅁ, ㅂ, ㅄ, ㅅ, ㅆ, ㅇ, ㅈ, ㅊ, ㅋ, ㅌ, ㅍ, ㅎ

다음 단어들을 사전의 순서대로 쓰세요.

① 밤 ② 가방 ③ 선생님 ④ 생선 ⑤ 여우 ⑥ 쇠
⑦ 곰 ⑧ 의사 ⑨ 밟다 ⑩ 여름 ⑪ 싫다 ⑫ 바쁘다
⑬ 꿈 ⑭ 밥 ⑮ 거울

①	가방	a bag	⑨		
②			⑩		
③			⑪		
④			⑫		
⑤			⑬		
⑥			⑭		
⑦			⑮		
⑧					

한글 2

2. 한국어 발음 규칙

1) 연음 : 連音, liaison

받침	+	ㅇ	···▸	······	이것은[이거슨], 선생님이고[선생니미고], 읽으세요[일그세요], 밥을[바블], 꽃이[꼬치] 먹어요[머거요], 있어요[이써요], 같아요[가타요]

2) 격음화 : 激音化, aspiration, 送气音化

ㄱ	+	ㅎ	···▸	ㅋ	축하[추카], 백화점[배콰점]
ㄷ(ㅅ)				ㅌ	못해요[모태요], 옷 한 벌[오탄벌]
ㅂ				ㅍ	합하면[하파면], 잡히다[자피다]
ㅈ(ㄵ)				ㅊ	맞히다[마치다], 앉히다[안치다]
ㅎ (ㄶ, ㅀ)	+	ㄱ		ㅋ	하얗고[하야코], 좋고[조코], 싫고[실코]
		ㄷ		ㅌ	하얗다[하야타], 좋다[조타], 싫다[실타]
		ㅂ		ㅍ	×
		ㅈ		ㅊ	하얗지요?[하야치요], 많지[만치]

3) 비음화 : 鼻音化, nasalization

ㄱ(ㄲㄺㄳ)	+	ㄴ	···▸	ㅇ	+	ㄴ	각 나라[강나라], 백 명[뱅명], 깎는다[깡는다], 읽는다[잉는다], 칡냉면[칭냉면]
ㄷ(ㅌㅅㅆㅈㅊ)				ㄴ			듣는[든는], 옷만[온만], 있는[인는], 맞는다[만는다], 몇 명[면명]
ㅂ(ㅍㅄㄼ)		ㅁ		ㅁ		ㅁ	감사합니다[감사함니다], 값만[감만], 앞마당[암마당], 밟는[밤는]

ㄱ(ㄲㄺㄳ)				ㅇ			독립[동닙], 떡라면[떵나면]
ㄷ(ㅌㅅㅆㅈㅊ)	+	ㄹ	···	ㄴ	+	ㄴ	몇 리[면니]
ㅂ(ㅍㅄㄿ)				ㅁ			십 리[심니]
ㅁ	+	ㄹ	···	ㅁ	+	ㄴ	심리학[심니학]
ㅇ				ㅇ			장래[장내], 왕래[왕내]

4) 설측음화(ㄹ되기) : 舌側音化, lateralization

ㄹ	+	ㄴ	···	ㄹㄹ	설날[설랄], 달나라[달라라]
ㄴ		ㄹ		ㄹㄹ	신라[실라], 신뢰[실뢰]

5) 구개음화 : 口蓋音化, palatalization

ㄷ	+	이	···	지	굳이[구지], 미닫이[미다지]
ㅌ				치	같이[가치], 밭이[바치], 뭍이[무치]
ㄷ	+	히	···	치	닫히다[다치다], 짖히다[지치다]

6) 된소리화 : 濃音化, glottalization, 硬音化

ㄱ(ㄲㄺㄳ)		ㄱ		ㄱ		ㄲ	학교[학꾜]
		ㄷ				ㄸ	있다[읻따]
ㄴ(ㅌㅅㅆㅈㅊ)	+	ㅂ	···	ㄷ	+	ㅃ	떡볶이[떡뽀끼]
		ㅅ				ㅆ	첫사랑[첟싸랑]
ㅂ(ㅍㅄㄿ)		ㅈ		ㅂ		ㅉ	갑자기[갑짜기]

Special Page 교실용어

한국어	영어	일본어	중국어
보세요.	Please look	見てください	请看
들으세요.	Please listen	聞いてください	请听
읽으세요.	Please read	読んでください	请读
쓰세요.	Please write	書いてください	请写
말하세요.	Please speak	話してください	请说
외우세요.	Please memorize	覚えてください	请背

한국어	영어	일본어	중국어
듣고 따라하세요.	Please listen and repeat	後について発音してください	请听然后跟读
듣고 대답하세요.	Please listen and answer	聞いて答えてください	请听然后回答
질문 있어요?	Do you have any question?	質問はありますか	有问题吗?
친구에게 물어 보세요.	Ask your friend(teacher)	友達に聞いてください	请问朋友(老师)
무슨 뜻이에요?	What does it mean?	どういう意味ですか	怎么意思?
한국말로 뭐예요?	What do you say it in Korean?	Nは韓国語で何と言いますか	用韩语怎么说?
알겠어요?	Do you understand?	わかりましたか	知道了吗?
네, 알아요.	Yes, I do	はい、わかりました	是的, 知道了
아니요, 몰라요.	No, I don't	いいえ、わかりません	不, 不知道
같아요.	It's same	同じです	一样
달라요.	It's different	違います	不一样
비슷해요.	It's similar	似てます	相似
좋아요.	It's good	いいです	好, 行
안 돼요.	It's not good	だめです	不行
있어요.	We have a class tomorrow	明日は授業があります	明天有课
없어요.	We don't have a class tomorrow	明日は授業がありません	明天没有课

일러두기*

STUDY에서는 한국어의 기초적인 어휘와 문법을 익히고 다양한 연습을 통해 자기 소개하기, 물건사기 등의 의사소통 과제를 해결하는 능력을 기를 수 있도록 구성하였습니다.
문법에서 기호 N은 명사, A는 형용사, V는 동사를 가리킵니다.
찾아보기에 제시된 단어들은 각 과에 처음 제시된 쪽만 표시했습니다.

너랑 나랑 한국어 1-A

STUDY

memo*

| Chapter |

04

저는 스테파니입니다.

- **학습목표 :** 자기소개하기
- **어　　휘 :** 인사, 취미, 직업, 나라
- **문　　법 :** N이/가 N입니까? / N은/는 N입니다. / N도 / N 사람 / N어 / N말 / N의 N / 제 N / N이/가 아닙니다.

스테파니 : 안녕하세요?

토　　린 : 인녕하세요?

스테파니 : 저는 스테파니입니다.

토　　린 : 저는 토린입니다.

어휘와 표현

명사

취미

요리

야구

서예

컴퓨터 게임

음악 감상

수영

태권도

농구

독서

영화 감상

여행

쇼핑

축구

직업

선생님

학생

의사

회사원

사업가

가수

배우

경찰관

디자이너

요리사

외교관

화가

엔지니어

공무원

주부

나라

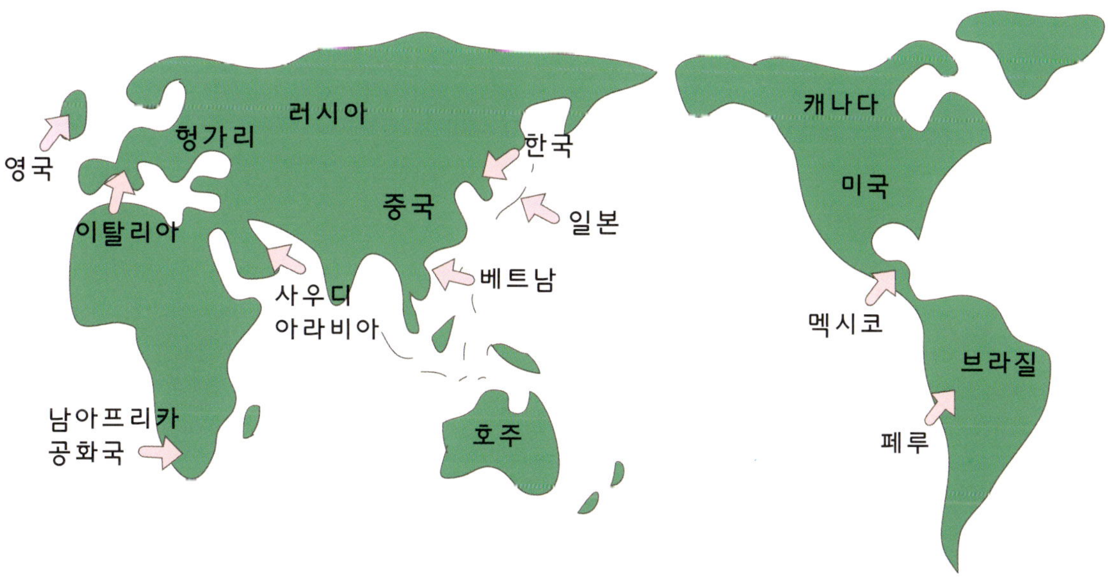

어휘와 표현

기타

저	무엇	어느
말	사람	이름
친구	차	영어

표현

네 / 아니요

안녕하세요? / 만나서 반갑습니다.

N 씨

받침 ○ + 씨	최지영 ···› 최지영 씨
받침 × + 씨	마리오 ···› 마리오 씨

쓰세요 Writing

	N 씨		N 씨
스테파니	스테파니 씨	리우팅	
크리스		토린	
리에		?	

문법 1

N이/가 N입니까?

이름이 무엇입니까?
직업이 무엇입니까?
취미가 농구입니까?

받침 ○ + 이	이름 ···› 이름이
받침 × + 가	취미 ···› 취미가

N은/는 N입니다.

저는 스테파니입니다.
취미는 야구입니다.
리에 씨는 요리사입니다.

받침 ○ + 은	선생님 ···› 선생님은
받침 × + 는	친구 ···› 친구는

쓰세요 Writing

	N이/가	N은/는
이 름	이름이	이름은
취 미		

문법 1

	N이/가	N은/는
직 업		
나 라		

연습하세요 Exercise

보기 스테파니

가 : 이름이 무엇입니까?
나 : 저는 스테파니입니다.

가 : ____________________?
나 : ____________________.

❶ 크리스	
❷ 리우팅	
❸ 토린	
❹ 리에	
❺ ?	

문법 2

N도

가 : 저는 중국 사람입니다.
나 : 저도 중국 사람입니다.
가 : 저는 요리사입니다.
나 : 리에 씨도 요리사입니다.

N 사람 / N어 / N말

저는 중국 사람입니다.
한국어입니까?
프랑스말입니다.

N 사람	한국 ···› 한국 사람
N어	한국 ···› 한국어
N말	한국 ···› 한국말

쓰세요 Writing

나라 이름	N 사람	N어	N말
한국	한국 사람	한국어	한국말
중국			
일본			

문법 2

나라 이름	N 사람	N어	N말
영국		영어	
몽골			
사우디아라비아		아랍어	
스페인			

연습하세요 Exercise

보기 베트남

가 : 어느 나라 사람입니까?
나 : 저는 베트남 사람입니다.

가 : ____________________?
나 : ____________________.

❶ 일본

❷ 독일

❸ 헝가리

❹ 태국

❺ ?

말하기 1 Speaking

가 : 안녕하세요?

나 : 안녕하세요?

가 : 이름이 무엇입니까?

나 : 저는 리우팅입니다.

가 : 어느 나라 사람입니까?

나 : 저는 중국 사람입니다.

	이 름	나 라
1		
2		
3		
4		
5		
6		
7		

문법 3

N의 N

크리스의 가방입니다.
친구의 휴대폰입니다.
선생님의 취미가 무엇입니까?

제 N

제 이름은 마리오입니다.
제 취미는 영화 감상입니다.
제 직업은 디자이너입니다.

리우팅 / 취미 → 리우팅의 취미	저 / 이름 → 제 이름
크리스 / 친구 → 크리스의 친구	저 / 휴대폰 → 제 휴대폰

쓰세요 Writing

N / N	N의 N	저 / N	제 N
토린 / 취미	토린의 취미	저 / 이름	제 이름
최지영 / 직업		저 / 취미	
애니 / 차		저 / 친구	

N / N	N의 N	저 / N	제 N
마리오 / 공책		저 / 자전거	
리에 / 나라		저 / 가방	

연습하세요 Exercise

보기 농구

가 : 취미가 무엇입니까?
나 : 제 취미는 농구입니다.

가 : ________________?
나 : ________________.

❶ 야구

❷ 음악 감상

❸ 독서

❹ 태권도

❺ ?

문법 4

N이/가 아닙니다.

스테파니의 휴대폰이 아닙니다.
저는 크리스가 아닙니다.
저는 의사가 아닙니다.

받침 ○ + 이 아닙니다	음악 감상 ··· 음악 감상이 아닙니다
받침 × + 가 아닙니다	야구 ··· 야구가 아닙니다

쓰세요 Writing

리에	리에가 아닙니다	농구	
애니		태권도	
리우팅		여행	
최지영		의사	
한국 사람		외교관	
중국 사람		선생님	
미국 사람		학생	

연습하세요 Exercise

보기 취미 / 농구 ×, 축구 ○

가 : 취미가 농구입니까?
나 : 아니요, 제 취미는 농구가 아닙니다. 축구입니다.

가 : ______________________?
나 : ______________________.

❶ 취미 / 야구 ×, 독서 ○

❷ 직업 / 화가 ×, 공무원 ○

❸ 한국 사람 ×, 일본 사람 ○

❹ 토린 씨 ×, 마리오 씨 ○

❺ ?

말하기 ❷ Speaking

가 : 안녕하세요?

나 : 안녕하세요?

가 : 취미가 무엇입니까?

나 : 제 취미는 농구입니다.

가 : 직업이 무엇입니까?

나 : 저는 요리사입니다.

	이 름	취 미	직 업
1			
2			
3			
4			
5			
6			
7			

본문

토　　린 : 안녕하십니까?

스테파니 : 안녕하세요?

토　　린 : 제 이름은 토린입니다.

스테파니 : 저는 스테파니입니다.

토　　린 : 스테파니 씨, 어느 나라 사람입니까?

스테파니 : 저는 호주 사람입니다.

토　　린 : 저는 미국 사람입니다.
스테파니 씨, 취미가 무엇입니까?

스테파니 : 제 취미는 농구입니다.

토　　린 : 제 취미도 농구입니다.
스테파니 씨, 직업이 무엇입니까?

스테파니 : 저는 요리사입니다.
토린 씨도 요리사입니까?

토　　린 : 아니요, 저는 요리사가 아닙니다.
외교관입니다.

스테파니 : 만나서 반갑습니다.

토　　린 : 만나서 반갑습니다.

말하기 ③ 본문과 같이 친구와 이야기해 보세요.

가 :

나 :

가 :

나 :

가 :

나 :

DVD LISTENING

듣기 Listening

Track 001
Track 002

❶ 친구들은 어느 나라 사람입니까? 연결하세요.

크리스	◉	◉	독일
리우팅	◉	◉	호주
리에	◉	◉	미국
토린	◉	◉	일본
스테파니	◉	◉	중국
		◉	프랑스

❷ 친구들의 취미가 무엇입니까? 연결하세요.

크리스	◉	◉	농구
리우팅	◉	◉	독서
리에	◉	◉	영화 감상
토린	◉	◉	태권도
스테파니	◉	◉	축구

읽기 Reading

토린 : 안녕하십니까?
제 이름은 토린입니다.
저는 미국 사람입니다.
저는 외교관입니다.
제 취미는 농구입니다.
만나서 반갑습니다.

쓰기 Writing

자기소개를 해 보세요.

Special Page 여러 가지 인사말

맛있게
드세요.
잘 먹겠습니다.
잘 먹었습니다.
뭘요.
뭘요.
고마워요.
아니에요.
괜찮아요.
미안합니다.
죄송합니다.
또 만나요.
내일 만나요.
어서 오세요.
실례합니다.

memo*

| Chapter |

05

집이 어디에 있어요?

■ **학습목표 :** 장소 · 위치 말하기

■ **어　　휘 :** 장소, 위치

■ **문　　법 :** N이에요? N예요? / N이에요. N예요. / N이/가 아니에요. / N와/과 N / N이/가 N에 있어요.

스테파니 : 여기가 어디예요?

크 리 스 : 여기는 병원이에요.

스테파니 : 크리스 씨, 집이 어디에 있어요?

크 리 스 : 우리 집은 강남에 있어요.

어휘와 표현

명사

장소

학교

도서관

병원

약국

마트

백화점

공원

식당

편의점

커피숍

학생회관

매점

꽃가게

미용실

경찰서

출입국관리소

아파트

단독주택

기숙사

고시원

국제관

은행

우체국

집

① 큰방 ② 작은방 ③ 안방 ④ 침실
⑤ 거실 ⑥ 서재 ⑦ 부엌/주방 ⑧ 화장실
⑨ 현관 ⑩ 계단 ⑪ 베란다 ⑫ 마당/정원
⑬ 대문

건물

사무실

교실

복도

로비

주차장

엘리베이터

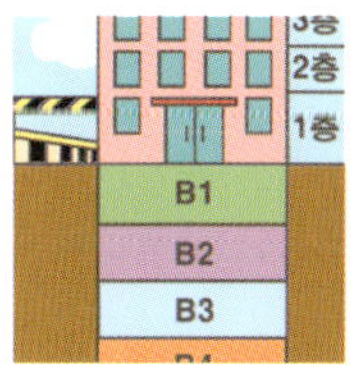

지하

어휘와 표현

집안 사물

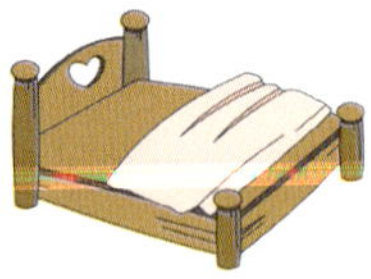
침대

옷장

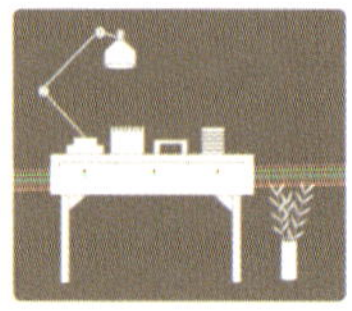
책상

의자

식탁

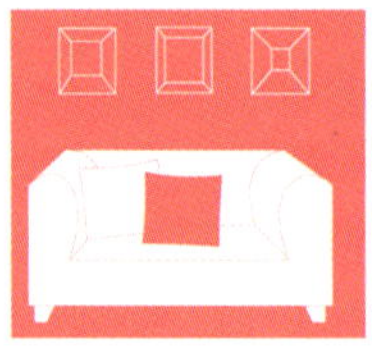
소파

텔레비전/TV

컴퓨터

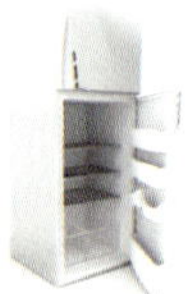
냉장고

세탁기

전자레인지

신발장

에어컨

위치 ❶

위

아래

앞

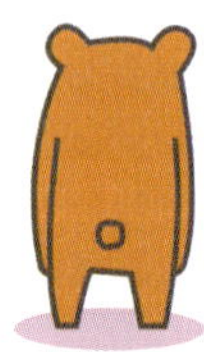
뒤

안

밖

오른쪽

왼쪽

옆

사이

건너편

가운데

위치 ❷

여기

거기

저기

어디

기타

강남	홍대	마이애미
부산	서울	커피

표현

있어요	없어요	아무도
아무 것도	누구	누가
그리고	우리 집	뭐

문법 1

N이에요? N예요?

여기가 어디예요?
애니 씨가 누구예요?
중국 사람이에요?

받침 ○ + 이에요?	학생 ···› 학생이에요?
받침 × + 예요?	친구 ···› 친구예요?

N이에요. N예요.

여기는 기숙사예요.
저는 스테파니예요.
제 취미는 영화 감상이에요.

받침 ○ + 이에요	리우팅 ···› 리우팅이에요
받침 × + 예요	야구 ···› 야구예요

쓰세요 Writing

	N이에요? N예요?	N이에요. N예요.
뭐 / 커피	뭐예요?	커피예요
누구 / 최지영		

어디 / 도서관		
어느 나라 사람 / 헝가리 사람		

연습하세요 Exercise

보기

이름, 뭐 / 스테파니

가 : 이름이 뭐예요?
나 : 저는 스테파니예요.

가 : ....?
나 : ....

❶ 이름, 뭐 / 마리오	
❷ 취미, 뭐 / 야구	
❸ 여기, 어디 / 백화점	
❹ 집, 어디 / 홍대	
❺ ?	

문법 2

N이/가 아니에요.

가 : 여기가 서재예요?
나 : 아니요, 서재가 아니에요.
가 : 마리오 씨는 중국 사람이에요?
나 : 아니요, 중국 사람이 아니에요.

받침 ○ + 이 아니에요	독일 사람 ⋯▸ 독일 사람이 아니에요
받침 × + 가 아니에요	친구 ⋯▸ 친구가 아니에요

쓰세요 Writing

한국 사람	한국 사람이 아니에요.
식당	
공원	
서재	
교실	
복도	

Chapter
05

연습하세요 Exercise

보기	
여기 / 교실 ×, 사무실 ○ 가 : 여기가 교실이에요? 나 : 아니요, 교실이 아니에요. 사무실이에요.	가 : ________________? 나 : ________________.
❶ 여기 / 백화점 ×, 마트 ○	
❷ 취미 / 야구 ×, 축구 ○	
❸ 리에 씨의 집 / 아파트 ×, 기숙사 ○	
❹ 크리스 씨 / 프랑스 사람 ×, 독일 사람 ○	
❺ ? / ?	

말하기 ❶ Speaking

리에 : 토린 씨, 집이 어디예요?

토린 : 우리 집은 마이애미예요.

리에 : 토린 씨 집은 아파트예요?

토린 : 아니요,
우리 집은 단독주택이에요.

친구 이름	집이 어디예요?	아파트/단독주택/기숙사/고시원

문법 3

N와/과 N

미용실과 꽃가게예요.
크리스와 마리오는 친구입니다.
토린과 리에는 선생님이 아니에요.

받침 ○ + 과	병원, 약국 ···› 병원과 약국
받침 × + 와	스테파니, 애니 ···› 스테파니와 애니

쓰세요 Writing

야구, 축구	야구와 축구	도서관, 은행	
옷장, 침대		방, 화장실	
책상, 의자		위, 아래	
프랑스, 독일		여기, 거기	
선생님, 학생		앞, 뒤	

문법 4

N이/가 N에 있어요.

병원이 어디에 있어요?
화장실이 사무실 옆에 있어요.
마리오 씨가 리우팅 씨 뒤에 있어요.

받침 ○ + 이	은행 ··· 은행이
받침 × + 가	마리오 씨 ··· 마리오 씨가

받침 ○ + 에	앞 ··· 앞에
받침 × + 에	사이 ··· 사이에

쓰세요 Writing

병원 / 은행 옆	병원이 은행 옆에 있어요
화장실 / 교실 뒤	
도서관 / 우체국 건너편	
베란다 / 현관 앞	
마리오 씨 / 애니 씨 옆	
선생님 / 리에와 리우팅 사이	
전자레인지 / 냉장고 앞	

연습하세요 ❶ Exercise

보기	
편의점 / 공원 옆	가 : 편의점이 어디에 있어요? 나 : 편의점은 공원 옆에 있어요.

❶ 백화점 / 은행 건너편	
❷ 냉장고 / 식탁 옆	
❸ 화장실 / 거실과 서재 사이	
❹ 기숙사 / 도서관 뒤	

연습하세요 ❷ Exercise

보기	
방 안 / 침대, 텔레비전	가 : 방 안에 무엇이 있어요? 나 : 방 안에 침대와 텔레비전이 있어요.

❶ 교실 / 책상, 의자	
❷ 주방 / 냉장고, 전자레인지	
❸ 집 / 큰방, 작은방, 부엌	
❹ 공원 / 편의점, 커피숍	

말하기 ② Speaking

리에 : 토린 씨,
집에 무엇이 있어요?

토린 : 우리 집에 작은방과
거실이 있어요.

리에 : 토린 씨 방 안에
무엇이 있어요?

토린 : 제 방 안에
침대와 책상이 있어요.

친구 이름	집	방

본문

Chapter 05

크리스 : 애니 씨, 여기가 어디예요?

애 니 : 여기는 학생회관이에요.

크리스 : 저기는 식당이에요?

애 니 : 아니요, 식당이 아니에요.
도서관이에요.

크리스 : 우리 교실은 어디예요?

애 니 : 우리 교실은 사무실 옆에 있어요.

크리스 : 국제관에 무엇이 있어요?

애 니 : 국제관에 커피숍과
매점이 있어요.

말하기 ③ 본문과 같이 친구와 이야기해 보세요.

가 :

나 :

가 :

나 :

가 :

나 :

가 :

나 :

DVD LISTENING

듣기 Listening

Track 003

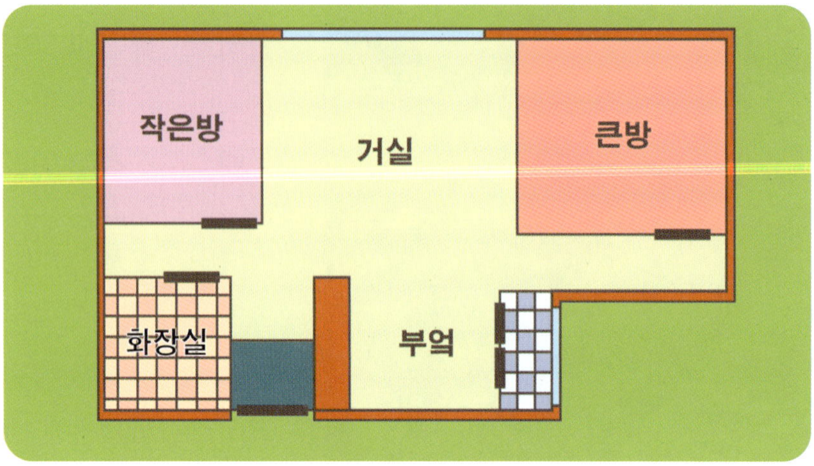

보기

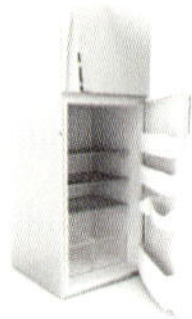
①

②

③

④

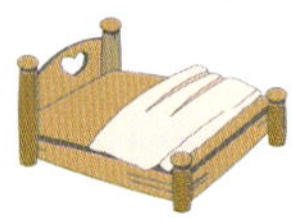
⑤

⑥

⑦

⑧

⑨

⑩

▶ 방 안에 무엇이 있어요? 보기에서 찾으세요.

큰 방 :

작은방 :

거 실 :

부 엌 :

현 관 :

▶ 여러분의 집에 무엇이 있어요?

읽기 Reading

안녕하세요? 저는 스테파니예요.
여기는 우리 집이에요.
우리 집은 강남에 있어요.
우리 집에 큰방과 작은방이 있어요.
부엌과 거실과 화장실도 있어요.
주차장은 없어요.
큰방에 침대와 텔레비전이 있어요.
작은방에는 아무 것도 없어요.
그리고 거실에 소파가 있어요.
부엌에 식탁과 냉장고와 전자레인지가 있어요.
우리 집에 에어컨은 없어요.

쓰기 Writing

여러분의 집은 어디예요? 무엇이 있어요?

| Chapter |

06

지금 몇 시예요?

- 학습목표 : 시간 · 날짜 · 요일 말하기
- 어　　휘 : 시간, 날짜, 요일
- 문　　법 : 숫자 / N 시, N 분, N 초 / N년, N월, N일, N요일 / 무슨 N / N부터 N까지

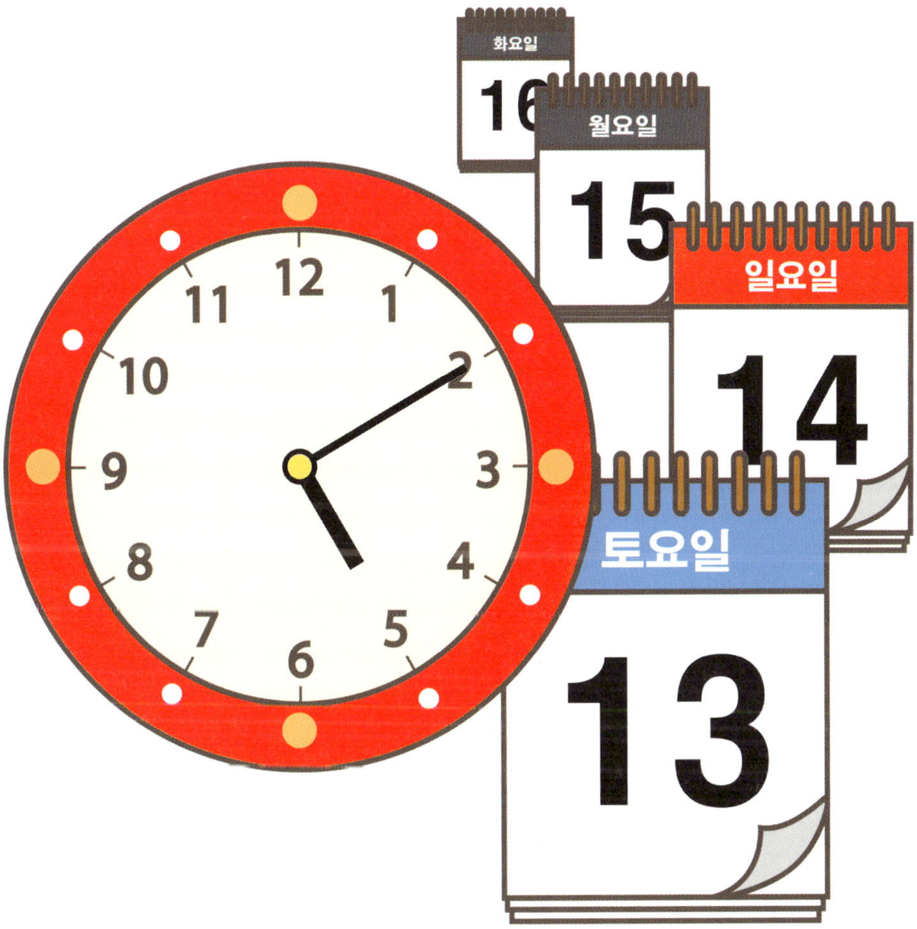

리우팅 : 애니 씨, 지금 몇 시예요?

애　니 : 지금 5시 10분이에요.

리우팅 : 애니 씨, 오늘이 며칠이에요?

애　니 : 오늘은 10월 9일이에요.

어휘와 표현

명사

시간

지금	새벽	아침
점심	저녁	낮
밤	오전	오후
정오	자정	전
후	반	쯤

날짜

작년	올해	내년
매년	지난달	이번 달
다음 달	매월	어제
오늘	내일	모레
매일	지난주	이번 주
다음 주	매주	주말
평일	언제	

기타

달력	한글날	어린이날
어버이날	생일	시험
방학	휴가	시계
과일	운동	음료수
책	카푸치노	아메리카노
음식	복숭아	주스
파티	난타	숫자

표현

한국어 수업	수업 시간	쉬는 시간
점심시간	근무 시간	이번 학기
다음 학기	지난 학기	실례지만
감사합니다		

문법 1

숫자 ❶ : 일, 이, 삼......

1	2	3	4	5	6	7	8	9	10
일	이	삼	사	오	육	칠	팔	구	십
11	12	13	14	15	16	17	18	19	20
십일	십이	십삼	십사	십오	십육	십칠	십팔	십구	이십
30	40	50	60	70	80	90	100	1,000	10,000
삼십	사십	오십	육십	칠십	팔십	구십	백	천	만

숫자 ❷ : 하나, 둘, 셋......

1	2	3	4	5	6	7	8	9	10
하나 (한 N)	둘 (두 N)	셋 (세 N)	넷 (네 N)	다섯	여섯	일곱	여덟	아홉	열
11	12	13	14	15	16	17	18	19	20
열하나 (열한 N)	열둘 (열두 N)	열셋 (열세 N)	열넷 (열네 N)	열다섯	열여섯	열일곱	열여덟	열아홉	스물 (스무 N)
30	40	50	60	70	80	90	100	1,000	10,000
서른	마흔	쉰	예순	일흔	여든	아흔	백	천	만

문법 2

N 시

1	2	3	4	5
한 시	두 시	세 시	네 시	다섯 시

6	7	8	9	10
여섯 시	일곱 시	여덟 시	아홉 시	열 시

11	12	?
열한 시	열두 시	몇 시

문법 2

N 분

1	2	3	4	5	6	7
일 분	이 분	삼 분	사 분	오 분	육 분	칠 분
8	9	10	11	12	13	14
팔 분	구 분	십 분	십일 분	십이 분	십삼 분	십사 분
15	20	30	40	50	?	
십오 분	이십 분	삼십 분	사십 분	오십 분	몇 분	

N 초

1	2	3	4	5	6	7
일 초	이 초	삼 초	사 초	오 초	육 초	칠 초
8	9	10	11	12	13	14
팔 초	구 초	십 초	십일 초	십이 초	십삼 초	십사 초
15	20	30	40	50	?	
십오 초	이십 초	삼십 초	사십 초	오십 초	몇 초	

쓰세요 _ 숫자 Writing

33	삼십삼	270	
27		788	
56		1,500	
71		3,800	
99		15,000	
123		57,600	

쓰세요 _ 시간 Writing

1:20	5:00	9:00	12:30	3:45	11:10
한 시 이십 분					

4:30	2:05	10:55	6:42	8:50	7:29

문법 2

연습하세요 Exercise

보기

12:10

가 : 실례지만, 지금 몇 시예요?
나 : 지금 열두 시 십 분이에요.
가 : 감사합니다.

가 : ________________?
나 : ________________.

9:40

3:00

8:30

11:55

?

말하기 ❶ Speaking

리　에 : 마리오 씨, 지금 몇 시예요?

마리오 : 지금 밤 아홉 시 십 분이에요.

리　에 : 멕시코는 지금 몇 시예요?

마리오 : 멕시코는 지금 새벽
여섯 시 십 분이에요.

친구 이름	한 국	친구의 나라
마리오	pm 9:10	멕시코 am 6:10

말하기 ② Speaking

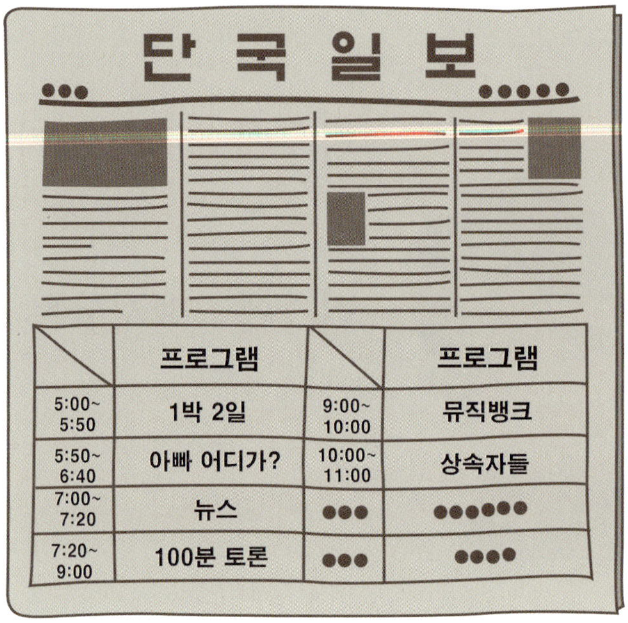

단국일보

	프로그램		프로그램
5:00~5:50	1박 2일	9:00~10:00	뮤직뱅크
5:50~6:40	아빠 어디가?	10:00~11:00	상속자들
7:00~7:20	뉴스	●●●	●●●●●●
7:20~9:00	100분 토론	●●●	●●●●

리　에 : 마리오 씨, "상속자들"이 몇 시예요?

마리오 : "상속자들"은 열 시예요.

친구 이름	프로그램	시 간
마리오	상속자들	10:00

문법 3

N년

1	2	3	4	5
일년	이년	삼년	사년	오년
10	100	1000	1443	1988
십년	백년	천년	천사백사십삼년	천구백팔십팔년
2002	2014	2017	2020	?
이천이년	이천십사년	이천십칠년	이천이십년	몇 년

N월

1	2	3	4	5
일월	이월	삼월	사월	오월
6	7	8	9	10
♥ 유월	칠월	팔월	구월	♥ 시월
11	12	?		
십일월	십이월	몇 월		

문법 3

N일

1	2	3	4	5	6	7
일일	이일	삼일	사일	오일	육일	칠일
8	9	10	11	12	13	14
팔일	구일	십일	십일일	십이일	십삼일	십사일
15	16	17	18	19	20	21
십오일	십육일	십칠일	십팔일	십구일	이십일	이십일일
22	23	24	25	26	27	28
이십이일	이십삼일	이십사일	이십오일	이십육일	이십칠일	이십팔일
29	30	31	?			
이십구일	삼십일	삼십일일	며칠			

N요일

MON	TUE	WED	THU	FRI	SAT	SUN
월요일	화요일	수요일	목요일	금요일	토요일	일요일
?						
무슨 요일						

쓰세요 _ 날짜 Writing

3월 3일	삼월 삼일	8월 15일	
5월 8일		7월 17일	
10월 9일		9월 1일	
11월 20일		10월 3일	
6월 25일		12월 25일	

쓰세요 _ 요일 Writing

SUN	MON	TUE	WED
일요일			
THU	FRI	SAT	?

문법 4

무슨 N

무슨 요일이에요? / 토요일이에요.
무슨 커피예요? / 카푸치노예요.
무슨 책이에요? / 한국어 책이에요.

쓰세요 Writing

N	무슨 N	N	무슨 N
음식	무슨 음식	주스	
과일		책	
운동		요일	

연습하세요 ① Exercise

보기

오늘, 요일 / 목요일	가 : 오늘이 무슨 요일이에요? 나 : 오늘은 목요일이에요.

❶ 내일, 요일 / 화요일	
❷ 과일 / 복숭아	
❸ 커피 / 아메리카노	
❹ 날 / 어린이날	
❺ ?	

연습하세요 ② Exercise

보기 오늘, 며칠 / 3월 7일	가 : 오늘이 며칠이에요? 나 : 오늘은 3월 7일이에요.

❶ 오늘, 며칠 / 6월 10일

❷ 내일, 며칠 / 8월 31일

❸ 모레, 며칠 / 11월 11일

❹ 금요일, 며칠 / 10월 10일

❺ ?

연습하세요 ③ Exercise

보기 생일 / 9월 9일	가 : 생일이 언제예요? 나 : 9월 9일이에요.

❶ 생일 / 5월 8일

❷ 방학 / 7월 25일

❸ 휴가 / 8월 15일

❹ 한글날 / 10월 9일

❺ ?

문법 5

N부터 N까지

한국어 수업은 월요일부터 금요일까지예요.
점심시간은 12시부터 1시까지예요.
오늘부터 모레까지 휴가예요.

받침 ○ + 부터	3월 ··· 삼월부터
받침 × + 부터	2시 ··· 두 시부터

받침 ○ + 까지	5월 ··· 오월까지
받침 × + 까지	8시 ··· 여덟 시까지

TIP 장소는 'N에서 N까지'예요. 교실 ~ 기숙사 ··· 교실에서 기숙사까지

쓰세요 Writing

N ~ N	N부터 N까지
월요일 ~ 금요일	월요일부터 금요일까지
9시 ~ 1시	
3월 ~ 10월	
내일 ~ 모레	
낮 ~ 밤	

N ~ N	N부터 N까지
아침 ~ 저녁	
2017년 ~ 2027년	

연습하세요 Exercise

보기 방학, 언제 / 7월 25일 ~ 8월 31일

가 : 방학이 언제부터 언제까지예요?
나 : 방학은 7월 25일부터 8월 31일까지예요.

❶ 백화점, 몇 시 / 오전 10:00 ~ 오후 8:30	
❷ 휴가, 언제 / 10월 30일 ~ 11월 3일	
❸ 한국어 수업, 무슨 요일 / 월요일 ~ 금요일	
❹ 다음 학기, 언제 / 3월 ~ 6월	
❺ ?	

말하기 ③ Speaking

스테파니 : 크리스 씨,
오늘이 며칠이에요?

크 리 스 : 오늘은 6월 12일이에요.

스테파니 : 무슨 요일이에요?

크 리 스 : 오늘은 금요일이에요.

친구 이름	며칠	무슨 요일
크리스	6월 12일	금요일

TIP 선생님들은 날짜와 요일 미션 쪽지를 나누어 주세요.

말하기 ④ Speaking

크 리 스 : 스테파니 씨,
생일이 언제예요?

스테파니 : 제 생일은
1993년 5월 8일이에요.

친구 이름	친구의 생일
스테파니	1993년 5월 8일

본문

11월

일	월	화	수	목	금	토
	1	2	3	4	5	6
7	8	9	10	11	12	13
14	15	16	17	18	19	20
21	22	23	24	25	26	27
28	29	30				

리　에 : 마리오 씨, 오늘이 며칠이에요?

마리오 : 오늘은 11월 3일이에요.

리　에 : 무슨 요일이에요?

마리오 : 수요일이에요.
리에 씨, 생일이 언제예요?

리　에 : 제 생일은 10월 5일이에요.
마리오 씨, 생일이 언제예요?

마리오 : 제 생일은 다음 주 화요일이에요.

리　에 : 우아! 생일 파티는 언제예요?

마리오 : 생일 파티는 이번 주 토요일
오후 6시예요.

말하기 5 본문과 같이 친구와 이야기해 보세요.

가 :

나 :

가 :

나 :

가 :

나 :

가 :

나 :

DVD LISTENING

Track 004
Track 005

듣기 Listening

❶ 시간을 쓰세요.

보기 3:10

1)

2)

3)

4)

❷ 날짜를 쓰세요.

보기 5월 5일

1)

2)

3)

4)

읽기 Reading

난타는 10월 31일부터 11월 30일까지예요.
평일은 7시부터 9시까지예요.
토요일은 4시부터 6시까지예요.
감사합니다.

쓰기 Writing

여러분도 포스터를 소개해 보세요.

| Chapter |

07

이 사과는 한 개에 얼마예요?

- **학습목표 :** 물건 사기
- **어　　휘 :** 과일, 음료, 식품, 교실
- **문　　법 :** 이것, 그것, 저것, 어느 것 / 단위 명사 / N에 / N하고 N / 이 N, 그 N, 저 N, 어느 N

토 린 : 이것은 무엇입니까?

리 에 : 그것은 시과입니다.

토 린 : 이 사과는 한 개에 얼마예요?

리 에 : 그 사과는 힌 개에 천 원이에요.

어휘와 표현

명사

과일

사과

바나나

딸기

수박

멜론

레몬

키위

참외

배

포도

파인애플

감

음료

사이다

콜라

수정과

식혜

녹차

물

우유

요거트

오렌지주스

수박주스

아이스티

스무디

소주

맥주

막걸리

식품

라면

컵라면

빵

두부

달걀/계란

과자

통조림

치킨

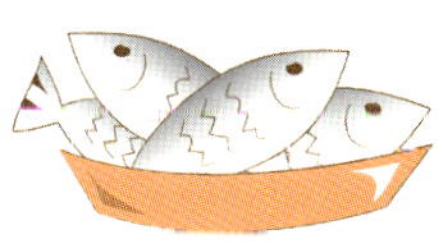
생선

고기

국수

만두

기타

휴대폰

교통카드

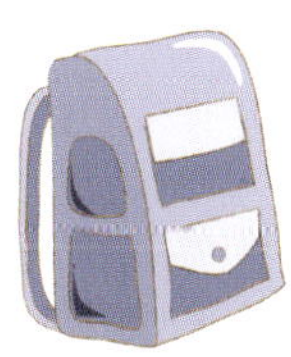
가방

지갑

어휘와 표현

 책	 공책	 볼펜	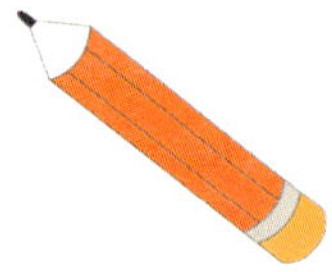 연필
 지우개	 안경	 가구	 돈
 양말	 캔	 아주머니	 강아지

표현

어서 오세요.	뭘 드릴까요?
얼마예요?	주세요.
또 오세요.	모두

문법 1

Chapter 07

이것(이거), 그것(그거), 저것(저거), 어느 것(어느 거)

이것(이거)

그것(그거)

저것(저거)

어느 것(어느 거)

이것은 무엇입니까? / 그것은 사과입니다.
저것은 무엇입니까? / 저것은 지갑입니다.
이거 뭐예요? / 그거 막걸리예요.
저거 뭐예요? / 저거 컵라면이에요.

연습하세요 Exercise

보기 이것 / 바나나

가 : 이것은 무엇입니까?
나 : 그것은 바나나입니다.

가 : ....?
나 : ....

❶ 이것 / 

❷ 그것 / 

❸ 저것 / 

문법 1

❹ 저것 / 

❺ ?

연습하세요 Exercise

보기

이거 / 수정과

가 : 이거 뭐예요?
나 : 그거 수정과예요.

가 : ______________________?
나 : ______________________.

❶ 이거 / 

❷ 이거 / 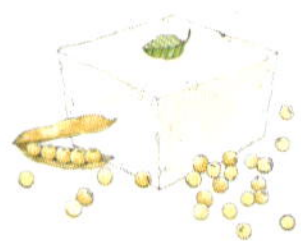

❸ 그거 / 

❹ 저거 / 

❺ ?

문법 2

단위 명사 1

	1	2	3	4	5		?
N 원	일 원	이 원	삼 원	사 원	오 원	……	몇 원
N 달러	일 달러	이 달러	삼 달러	사 달러	오 달러	……	몇 달러
N 위안	일 위안	이 위안	삼 위안	사 위안	오 위안	……	몇 위안
N 엔	일 엔	이 엔	삼 엔	사 엔	오 엔	……	몇 엔
N 유로	일 유로	이 유로	삼 유로	사 유로	오 유로	……	몇 유로

쓰세요 _ 돈 Writing

100	백 원	3,500	
1,000		27,000	
10,000		480	
100,000		84,000	
1,000,000		510,000	

문법 2

연습하세요 Exercise

보기

/ 500

가 : 사과가 얼마예요?
나 : 오백 원이에요.

가 : ________________________?
나 : ________________________.

❶  / 750

❷  / 2,300

❸  / 17,000

❹  / 38,000

❺ ?

문법 3

Chapter 07

N 층

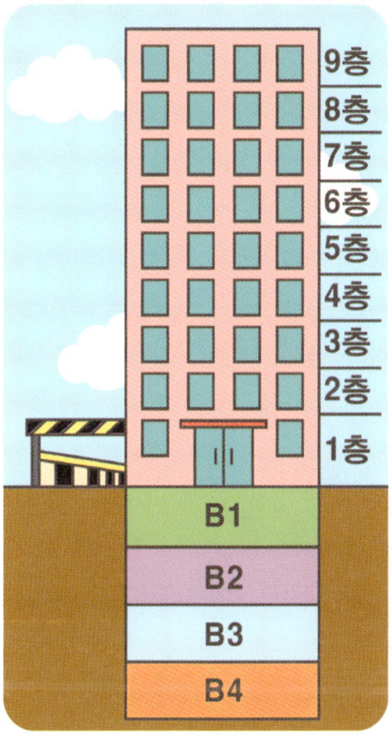

1	2	3	4	5
일 층	이 층	삼 층	사 층	오 층
6	7	8	9	10
육 층	칠 층	팔 층	구 층	십 층
20	30	?		
이십 층	삼십 층	몇 층		

B1	B2	B3	B4	B5
지하 일 층	지하 이 층	지하 삼 층	지하 사 층	지하 오 층

쓰세요 _ 층 Writing

1	일 층	B1	
7		B3	
15		B4	
31		B6	
63		B7	

문법 3

연습하세요 Exercise

보기 구두 / 1

가 : 실례지만, 구두가 몇 층에 있어요?
나 : 구두는 일 층에 있어요.
가 : 감사합니다.

가 : ______________?
나 : ______________.

❶ 화장실 / 2

❷ 옷장 / 4

❸ 수박 / B1

❹ 주차장 / B2

❺ ?

말하기 ❶ Speaking

마 리 오 : 스테파니 씨,
그거 뭐예요?

스테파니 : 이거 두부예요.

마 리 오 : 두부는 얼마예요?

스테파니 : 두부는 800원이에요.

친구 이름	물건 이름	가 격

문법 4

단위 명사 2

	1	2	3	4	5		?
N 개	한 개	두 개	세 개	네 개	다섯 개	……	몇 개
N 병	한 병	두 병	세 병	네 병	다섯 병	……	몇 병
N 마리	한 마리	두 마리	세 마리	네 마리	다섯 마리	……	몇 마리
N 송이	한 송이	두 송이	세 송이	네 송이	다섯 송이	……	몇 송이
N 통	한 통	두 통	세 통	네 통	다섯 통	……	몇 통
N 상자	한 상자	두 상자	세 상자	네 상자	다섯 상자	……	몇 상자
N 팩(pack)	한 팩	두 팩	세 팩	네 팩	다섯 팩	……	몇 팩
N kg	일 kg	이 kg	삼 kg	사 kg	오 kg	……	몇 kg

N 개	사과, 복숭아, 감, 과자, 캔 커피, 캔 콜라, 캔 맥주 ……
N 병	사이다, 콜라, 물, 우유, 소주, 맥주, 막걸리 ……
N 마리	동물(강아지), 치킨, 생선 ……
N 송이	바나나, 포도 ……
N 통	수박, 멜론 ……
N 상자	사과, 딸기, 배 ……
N 팩(pack)	딸기, 포도, 고기, 생선 ……
N kg	포도, 딸기 ……

문법 5

N에

사과는 한 개에 얼마예요?
바나나는 한 송이에 3천 원이에요.
맥주는 한 병에 2천 원이에요.

쓰세요 Writing

1개	한 개에	5마리	
2송이		1kg	
3병		4통	

N하고 N

식탁 위에 사과하고 딸기가 있어요.
교실 안에 스테파니하고 크리스가 있어요.
빵하고 우유 주세요.

쓰세요 Writing

바나나 / 복숭아		포도 / 파인애플	
배 / 수박		두부 / 과자	

문법 6

콜라 / 사이다		침대 / 책상	
소주 / 맥주		마리오 / 스테파니	
물 / 계란		리에 / 리우팅	

이 N, 그 N, 저 N, 어느 N

이 책 | 그 책 | 저 책 | 어느 책

이 사과는 한 개에 얼마예요?
그 생선은 한 마리에 얼마예요?
저 포도 2kg 주세요.

쓰세요 Writing

사과	이 사과	그 사과	저 사과	어느 사과
빵				

두부				
콜라				
과자				
사람				
집				

연습하세요 Exercise

보기

사과, 1 / 700원

가 : 이 사과는 한 개에 얼마예요?
나 : 그 사과는 한 개에 700원이에요.

가 : ....?
나 : ....

❶ 박걸리, 1 / 2,000원	
❷ 포도, 1 / 3,000원	
❸ 계란, 10 / 3,500원	
❹ 생선, 2 / 5,000원	
❺ ?	

말하기 ② Speaking

가 : 그 사과는 한 개에 얼마예요?

나 : 이 사과는 한 개에 700원이에요.

가 : 저 바나나는
한 송이에 얼마예요?

나 : 저 바나나는
한 송이에 3,500원이에요.

친구 이름	물건 이름	얼마예요?

TIP 사물 카드를 나눠 주고 이름과 가격 묻기

Chapter 07

본문

아주머니 : 어서 오세요. 뭘 드릴까요?

크 리 스 : 그 사과는 한 개에 얼마예요?

아주머니 : 이 사과는 한 개에 1,000원이에요.

크 리 스 : 이 포도는 1kg에 얼마예요?

아주머니 : 그 포도는 1kg에 3,000원이에요.

크 리 스 : 저 수박은 한 통에 얼마예요?

아주머니 : 저 수박은 한 통에 15,000원이에요.

크 리 스 : 포도 2kg하고 사과 5개 주세요.

아주머니 : 네, 여기 있어요. 모두 11,000원이에요.

크 리 스 : 감사합니다. 안녕히 계세요.

아주머니 : 감사합니다. 또 오세요.

말하기 ③ 본문과 같이 친구와 이야기해 보세요.

가 :

나 :

가 :

나 :

가 :

나 :

가 :

나 :

가 :

나 :

가 :

DVD LISTENING

Track 006
Track 007

듣기 Listening

❶ 이름이 뭐예요? 쓰세요.

보기 라 면

1)

2)

3)

4)

❷ 얼마예요? 쓰세요.

보기 300원

1)

2)

3)

4)

읽기 Reading

우리 집 식탁 위에 복숭아 1개하고 딸기 1팩이 있어요.
복숭아는 한 개에 1,200원이에요.
그리고 딸기는 1팩에 3,700원이에요.
소파 위에 맥주 3병하고 과자가 있어요.
맥주는 한 병에 1,800원이에요.
그리고 과자는 한 개에 500원이에요.

쓰기 Writing

친구들의 방에 무엇이 있어요? 얼마예요?

memo*

| Chapter |

08

한국 생활은 재미있습니다.

- **학습목표 :** 날씨와 한국 생활 말하기
- **어　　휘 :** 날씨, 맛, 음식
- **문　　법 :** N을/를 V / N이/가 A / A/V-ㅂ/습니까? / A/V-ㅂ/습니다. / A/V-지 않습니다. / N에 / N들 / A-고 / A/V-지만

애 니 : 한국 생활이 어떻습니까?

토 린 : 한국 생활은 재미있고 즐겁습니다.

애 니 : 오늘 날씨가 어떻습니까?

토 린 : 맑고 따뜻합니다.

어휘와 표현

명사

날씨

해

달

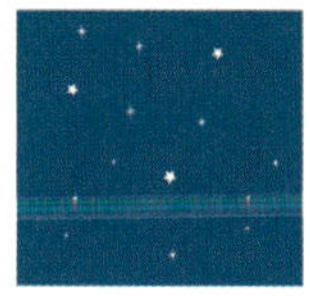

별

구름

비

우산

눈

눈사람

바람

음식

김치찌개

된장찌개

불고기

삼계탕

비빔밥

떡볶이

자장면/짜장면

김밥

밥

기타

생활	도시	신문
그림	춤	명동
제주도	동대문 시장	옷
물건	같이	아주
도쿄	시드니	베이징
영화	음악	

동사

일상생활

가다

오다

사나

일어나다

먹다

마시다

입다

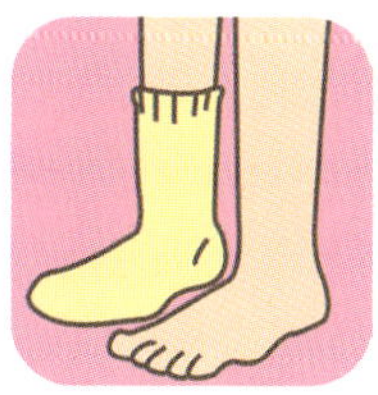
벗다

보다

듣다

읽다

공부하다

어휘와 표현

살다

알다

줍다

돕다

걷다

만나다

결혼하다

하다

취미생활

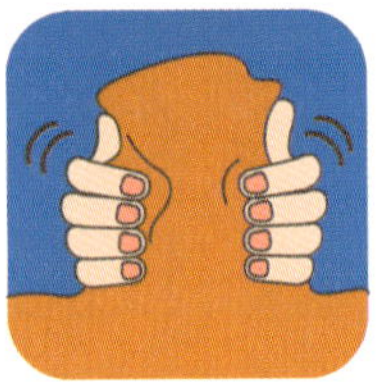
만들다

요리하다

추다

등산하다

빨래하다

청소하다

그리다

쇼핑하다

형용사

날씨

맑다

흐리다

춥다

덥다

따뜻하다

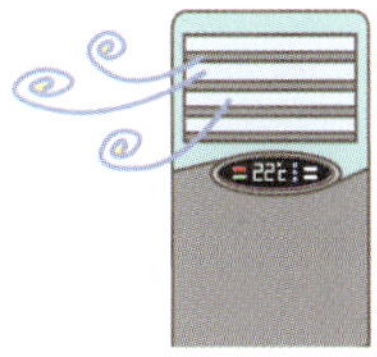
시원하다

쌀쌀하다

맛

맵다

짜다

시다

달다

쓰다

느끼하다

맛있다

맛없다

표현

날씨

비가 오다

눈이 오다

바람이 불다

번개가 치다

천둥이 치다

키가 크다

키가 작다

어휘와 표현

기타

어떻다

예쁘다

좋다

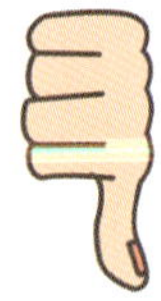
싫다

많다

적다

크다

작다

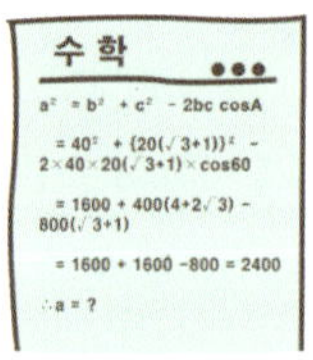

어렵다

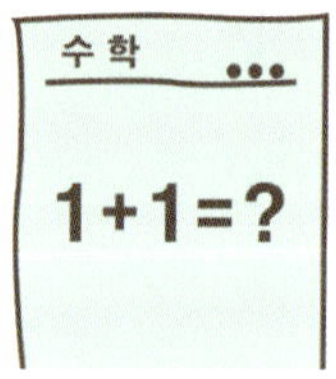

쉽다

멀다

가깝다

길다

짧다

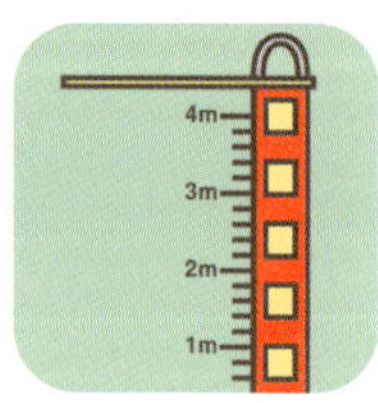

높다

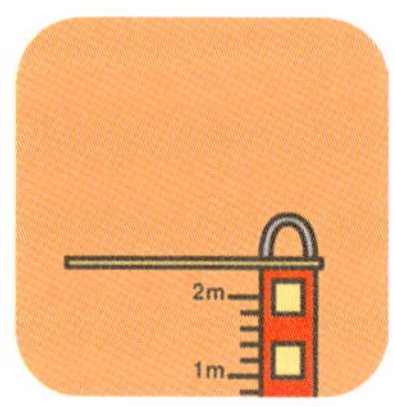

낮다

넓다

좁다

밝다

어둡다

빠르다

느리다

비싸다

싸다

뜨겁다

차갑다

더럽다

깨끗하다

무겁다

가볍다

재미있다

재미없다

날씬하다

뚱뚱하다

힘들다

즐겁다

바쁘다

한가하다

친절하다

복잡하다

문법 1

N을/를 V

옷을
사과를

받침 ○ + 을	김밥 ···› 김밥을
받침 × + 를	커피 ···› 커피를

N이/가 A

선생님이
친구가

받침 ○ + 이	교실 ···› 교실이
받침 × + 가	학교 ···› 학교가

쓰세요 Writing

N	N을/를	N이/가	N	N을/를	N이/가
책	책을	책이	영화		
음악			그림		
음식			축구		

문법 2

A/V-ㅂ/습니까?

무엇을 합니까?
바나나가 맛있습니까?

받침 ○ + 습니까?	먹다 ··· 먹습니까?
받침 × + ㅂ니까?	가다 ··· 갑니까?
받침 ㄹ → × + ㅂ니까?	달다 ··· 답니다

A/V-ㅂ/습니다.

책을 읽습니다.
불고기가 비쌉니다.

받침 ○ + 습니다	좋다 ··· 좋습니다
받침 × + ㅂ니다	보다 ··· 봅니다
받침 ㄹ → × + ㅂ니다	길다 ··· 깁니다

A/V-지 않습니다.

밥을 먹지 않습니다.
맵지 않습니다.

받침 ○ + 지 않습니다	읽다 ··· 읽지 않습니다
받침 × + 지 않습니다	예쁘다 ··· 예쁘지 않습니다

문법 2

쓰세요 Writing

먹다	먹습니까?	먹습니다	먹지 않습니다
읽다			
가다			
오다			
듣다			
걷다			
만들다			
살다			
줍다			
돕다			
좋다			
많다			
크다			
싸다			

춥다			
어렵다			
멀다			
길다			

연습하세요 ❶ Exercise

보기

가 : 무엇을 합니까?
나 : 공부합니다.

가 : ....?

나 : ....

❶ 

❷ 

❸ 

❹ 

문법 2

연습하세요 ② Exercise

보기

날씨, 춥다

가 : 날씨가 어떻습니까?
나 : 날씨가 춥습니다.

가 : ________________?
나 : ________________.

❶ 한국 생활, 재미있다

❷ 한국어 공부, 어렵다

❸ 한국 음식, 맛있다

❹ 커피, 뜨겁다

❺ ?

연습하세요 ③ Exercise

보기

공부하다 ×, 텔레비전을 보다 ○

가 : 공부합니까?
나 : 아니요, 공부하지 않습니다.
텔레비전을 봅니다.

가 : ________________?
나 : ________________.

❶ 라면을 먹다 ×, 빵을 먹다 ○

❷ 음악을 듣다 ×, 춤을 추다 ○

❸ 커피를 마시다 ×, 친구를 만나다 ○

❹ 영화를 보다 ×, 등산하다 ○

❺ ?

문법 3

Chapter 08

N에

다음 주에 무엇을 합니까?
토요일에 영화를 봅니다.
어디에 갑니까?
명동에 갑니다.

받침 ○ + 에	주말 ···› 주말에
받침 × + 에	9시 ···› 아홉 시에

쓰세요 Writing

1시	한 시에	6월	
3시		10월	
월요일		2025년	
수요일		내년	
새벽		♥어제	
아침		♥오늘	
점심		♥내일	
방학		♥매일	
학교		도서관	
명동		스페인	

문법 3

연습하세요 ① Exercise

보기

내일 / 친구를 만나다

가 : 스테파니 씨, 내일 무엇을 합니까?
나 : 저는 내일 친구를 만납니다.

가 : ____________?
나 : ____________.

❶ 주말 / 쇼핑하다

❷ 내일 / 영화를 보다

❸ 방학 / 제주도에 가다

❹ 내년 / 결혼하다

❺ ?

연습하세요 ② Exercise

보기

명동

가 : 스테파니 씨, 어디에 갑니까?
나 : 명동에 갑니다.

가 : ____________?
나 : ____________.

❶ 제주도

❷ 시드니

❸ 도서관

❹ 백화점

❺ ?

문법 4

Chapter 08

N들

내일 친구들과 명동에 갑니다.
도서관에 사람들이 많습니다.
책상 위에 책들이 있습니다.

받침 ○ + 들	신발 ··· 신발들
받침 × + 들	배우 ··· 배우들

쓰세요 Writing

N	N들	N	N들
영화		선생님	
도시		학생	
나라		가방	

말하기 1 Speaking

크 리 스 : 스테파니 씨,
오늘 무엇을 합니까?

스테파니 : 저는 오늘 한국어를 공부합니다.

크 리 스 : 내일 무엇을 합니까?

스테파니 : 내일 친구들을 만납니다.

크 리 스 : 주말에 무엇을 합니까?

스테파니 : 주말에 친구들과 명동에 갑니다.

이름	스테파니		
오늘	한국어를 공부하다		
내일	친구들을 만나다		
주말	친구들과 명동에 가다		
?			

말하기 ❷ Speaking

크 리 스 : 스테파니 씨,
주말에 영화를 봅니까?

스테파니 : 네, 영화를 봅니다.

크 리 스 : 스테파니 씨, 주말에
한국어를 공부합니까?

스테파니 : 아니요, 한국어를 공부하지
않습니다. 친구를 만납니다.

이름	스테파니			
공부하다	×			
영화를 보다	○			
친구를 만나다	○			
명동에 가다				
요리하다				
그림을 그리다				
책을 읽다				
음악을 듣다				
?				

문법 5

A-고

크리스 씨는 재미있고 친절합니다.
명동은 사람이 많고 복잡합니다.
동대문 시장은 물건이 싸고 많습니다.

받침 ○ + 고	좋다 ⋯→ 좋고
받침 × + 고	예쁘다 ⋯→ 예쁘고

쓰세요 Writing

낮다	낮고	길다	
높다		달다	
크다		바쁘다	
비싸다		맵다	
더럽다		맛있다	
무겁다		친절하다	
멀다		복잡하다	

연습하세요 Exercise

보기

스테파니 씨 / 친절하다, 예쁘다

가 : 스테파니 씨가 어떻습니까?
나 : 친절하고 예쁩니다.

가 : ______________________?
나 : ______________________.

❶ 오늘 날씨 / 맑다, 따뜻하다

❷ 방 / 넓다, 깨끗하다

❸ 김밥 / 싸다, 맛있다

❹ 청소 / 힘들다, 재미없다

❺ ?

문법 6

A/V-지만

김치찌개는 맵지만 맛있습니다.
오늘은 날씨가 맑지만 춥습니다.
저는 주말에 청소를 하지만 빨래를 하지 않습니다.

받침 ○ + 지만	많다 ···› 많지만
받침 × + 지만	크다 ···› 크지만

쓰세요 Writing

먹다	먹지만	걷다	
읽다		살다	
가다		만들다	
만나다		줍다	
듣다		돕다	
작다		좁다	
넓다		쉽다	

짜다		멀다	
시다		길다	

연습하세요 Exercise

보기 오늘 날씨/맑다, 춥다

가 : 오늘 날씨가 어떻습니까?
나 : 맑지만 춥습니다.

가 : ______________________?
나 : ______________________.

❶ 명동 / 복잡하다, 재미있다

❷ 학교생활 / 바쁘다, 즐겁다

❸ 방 / 어둡다, 넓다

❹ 떡볶이 / 맵다, 맛있다

❺ ?

말하기 ③ Speaking

리 에 : 크리스 씨,
오늘은 날씨가 어떻습니까?

크리스 : 오늘은 날씨가 따뜻합니다.

리 에 : 한국 음식이 어떻습니까?

크리스 : 한국 음식은 맛있지만
맵습니다.

리 에 : 한국 친구가 어떻습니까?

크리스 : 한국 친구는
재미있고 친절합니다.

리 에 : 한국 생활이 어떻습니까?

크리스 : 한국 생활은 즐겁습니다.

이름	크리스		
날씨	따뜻하다		
한국 음식	맛있지만 맵다		
한국 친구	재미있고 친절하다		
한국 생활	즐겁다		
?			

본문

애　니 : 마리오 씨, 오늘 무엇을 합니까?

마리오 : 오늘은 한국어를 공부합니다.

애　니 : 내일도 한국어를 공부합니까?

마리오 : 아니요, 내일은 한국어를 공부하지 않습니다. 친구를 만납니다.

애　니 : 마리오 씨의 친구는 어떻습니까?

마리오 : 제 친구는 재미있고 친절합니다.

애　니 : 주말에 무엇을 합니까?

마리오 : 주말에 친구와 명동에 갑니다.

애　니 : 명동은 어떻습니까?

마리오 : 재미있지만 복잡합니다.

말하기 ③ 본문과 같이 친구와 이야기해 보세요.

가 :

나 :

가 :

나 :

가 :

나 :

가 :

나 :

가 :

나 :

DVD LISTENING

Track 008
Track 009

듣기 Listening

❶ 도시와 날씨를 연결하세요.

서 울 ◉	◉	
베이징 ◉	◉	
도 쿄 ◉	◉	
시드니 ◉	◉	

❷ ○, ×로 쓰세요.

	크리스	리에
머리가 길다	×	
머리가 짧다	○	
키가 크다		
키가 작다		
뚱뚱하다		
날씬하다		
커피를 마시다		
음악을 듣다		
요리하다		

읽기 Reading

〈나의 한국 생활〉

저는 매일 학교에 갑니다. 친구하고 선생님을 만납니다.

저는 한국어를 공부합니다.

한국어는 어렵지만 재미있습니다.

점심에 친구들과 밥을 먹습니다.

저는 한국 음식을 좋아합니다.

김치찌개는 맵습니다.

삼계탕은 뜨겁지만 맛있습니다.

제 방은 기숙사 3층에 있습니다.

친구와 같이 삽니다. 친구는 재미있고 친절합니다.

오늘은 눈이 옵니다. 춥지만 예쁩니다.

한국 생활은 아주 재미있습니다.

쓰기 Writing

한국 생활을 써 보세요.

듣기 대본

Chapter 04

1. 친구들은 어느 나라 사람입니까? 연결하세요.

크리스 : 안녕하세요? 제 이름은 크리스입니다.
리　에 : 안녕하세요? 저는 리에입니다.
크리스 : 리에 씨, 어느 나라 사람입니까?
리　에 : 저는 일본 사람입니다. 크리스 씨는 프랑스 사람입니까?
크리스 : 아니요, 저는 프랑스 사람이 아닙니다. 독일 사람입니다.
리　에 : 크리스 씨, 리우팅 씨는 어느 나라 사람입니까?
크리스 : 리우팅 씨는 중국 사람입니다.
리　에 : 아~! 토린 씨도 중국 사람입니까?
크리스 : 아니요, 토린 씨는 미국 사람입니다.
리　에 : 아~! 스테파니 씨는 어느 나라 사람입니까?
크리스 : 스테파니 씨는 호주 사람입니다.

2. 친구들의 취미가 무엇입니까? 연결하세요.

제 친구 크리스 씨의 취미는 농구입니다.
리우팅 씨의 취미도 농구입니다.
리에 씨의 취미는 독서입니다.
토린 씨의 취미는 태권도입니다.
스테파니 씨의 취미도 태권도입니다.

Chapter 05

안녕하십니까? 저는 마리오입니다.
여기는 우리 집이에요.
큰방과 작은방이 있어요.
그리고 거실과 부엌과 현관이 있어요.
큰방에 옷장과 침대가 있어요.
작은방에 책상과 컴퓨터가 있어요.
그리고 거실에 소파와 텔레비전이 있어요.
우리 집 부엌에 냉장고와 식탁이 있어요.
그리고 현관에 신발장이 있어요.

Chapter 06

1. 시간을 쓰세요.

보기 가 : 실례지만 지금 몇 시예요? / 나 : 지금 세 시 십 분이에요.

❶ 가 : 실례지만, 지금 몇 시예요? / 나 : 지금 다섯 시 반이에요.

❷ 가 : 실례지만, 지금 몇 시예요? / 나 : 지금 여덟 시예요.

❸ 가 : 실례지만, 지금 몇 시예요? / 나 : 지금 한 시 사십오 분이에요.

❹ 가 : 실례지만, 지금 몇 시예요? / 나 : 지금 열한 시 반이에요.

2. 날짜를 쓰세요.

보기 가 : 오늘은 며칠이에요? / 나 : 오늘은 오월 오일이에요.

❶ 가 : 오늘은 며칠이에요? / 나 : 오늘은 시월 십일이에요.

❷ 가 : 오늘은 며칠이에요? / 나 : 오늘은 유월 육일이에요.

❸ 가 : 스테파니 씨, 생일이 언제예요? / 나 : 제 생일은 오월 팔일이에요.

❹ 가 : 방학이 언제예요? / 나 : 방학은 십이월 이십일이에요.

Chapter 07

1. 이름이 뭐예요? 쓰세요.

보기 가 : 이거 뭐예요? / 나 : 그거 라면이에요.

❶ 가 : 이거 뭐예요? / 나 : 그거 스무디예요.

❷ 가 : 그거 뭐예요? / 나 : 이거 딸기예요.

❸ 가 : 저거 뭐예요? / 나 : 저거 우유예요.

❹ 가 : 이거 뭐예요? / 나 : 그거 교통카드예요.

2. 얼마예요? 쓰세요.

보기 가 : 이 볼펜은 한 개에 얼마예요? / 나 : 그 볼펜은 한 개에 300원이에요.

❶ 가 : 이 맥주는 한 병에 얼마예요? / 나 : 그 맥주는 한 병에 1,800원이에요.

❷ 가 : 그 안경은 한 개에 얼마예요? / 나 : 이 안경은 한 개에 36,000원이에요.

❸ 가 : 저 두부는 한 개에 얼마예요? / 나 : 저 두부는 한 개에 1,000원이에요.

❹ 가 : 저 가방은 한 개에 얼마예요? / 나 : 저 가방은 한 개에 78,000원이에요.

듣기 대본

Chapter 08

1. 남 : 오늘 서울은 맑습니다. 베이징은 날씨가 어떻습니까?
   여 : 베이징은 맑지 않습니다. 비가 옵니다.
   남 : 도쿄는 날씨가 어떻습니까?
   여 : 도쿄는 구름이 많습니다. 흐립니다.
   남 : 시드니는 날씨가 어떻습니까?
   여 : 시드니는 춥고 눈이 옵니다.

2. 여러분 안녕하세요? 저는 크리스예요.
   저는 머리가 짧습니다. 키가 크지만 뚱뚱합니다.
   제 친구 리에 씨는 머리가 길고 날씬합니다.
   저는 커피를 마시지 않습니다.
   저는 음악을 듣지만 제 친구는 요리합니다.

찾아보기 ㄱ, ㄴ

찾아보기

찾아보기 ㅁ, ㅂ, ㅅ

찾아보기

ㅅ, ㅇ

찾아보기 ㅇ, ㅈ

찾아보기

찾아보기 ㅋ, ㅌ, ㅍ, ㅎ, 기타

지은이 소개*

| 감 수 |

한 정 한

단국대학교 국어국문학과 부교수, 뉴욕주립대학(버팔로) 언어학 박사
〈저서〉 쉽게 읽는 한국어학의 이해, 국어사전학 개론 외 다수

| 필 자 |

유 소 영

단국대학교 국제교육센터(DUGEC) 초빙교수, 단국대학교 한국어교육 박사
〈저서〉 안녕하세요 한국어 1, 2, 3권(4개국어 판), 한국어로 말해요(11개국어 판) 외 다수

이 연 주

DUGEC 초빙교수, 단국대학교 한국어교육 박사

유 선 주

DUGEC 강사, 단국대학교 한국어교육 박사과정 수료

고 유 리

DUGEC 초빙교수, 단국대학교 한국어교육 박사과정

서 민 정

DUGEC 강사, 단국대학교 한국어교육 박사과정